刻意放鬆

25個壓力調節練習，找回安定的內在

胡展誥 著

推薦文

找回身心合一的自己

田定豐 心靈作家、podcast「安眠書店」主持人

你有真正地放鬆過嗎？很多人以為睡個覺、看場電影、追個劇，或打個電動就是放鬆了！

這些大家都熟知的放鬆法，的確能暫時轉移，卻不能真正放下我們日常慣性的緊張壓力，於是從心理到生理逐漸累積成為現代人普遍的文明病。

胡展誥心理師這本《刻意放鬆》，以他諮商多年的經驗實例，引導大家看見自己的壓力來源。

書裡的二十五個篇章，從思維到行動都有深入淺出的練習，讓我們能夠找回身心合一的自己，帶著覺知的品質過生活。

推薦文

回到內在，學會放鬆

吳若權
作家、podcast「權式重點」主持人

在普遍人人都覺得自己過度努力的年代，終於開始有些曾花了無數時間與心血學習如何認真追求成功的人，意識到要轉身回到內在，學習如何放鬆。於是，諮商心理師胡展誥的最新作品《刻意放鬆》，就成了當下兼具療癒性與實用性的指南。

最重要的是，他分享了很多個人的實際經驗，讀來特別溫馨感動。

他一開始就提醒讀者：「照顧好自己。」從觀照自己的壓力來源開始覺察，並提供簡單且容易練習的「STOP情緒緩和術」，讓你可以瞬間回到當下，透過正念練習，因為專注而能夠放下。

正因為學會放鬆，才能成為真正想要的自己。

推薦文

允許自己由內而外、有意識地放鬆

陳志恆 諮商心理師、暢銷作家

從很年輕時，我就發現，每當我很忙碌時，會期待趕快把任務完成，這樣一來，就可以放鬆了。而當完成手上的事情時，我卻沒感到放鬆，反而開始找其他的事情做，又讓自己回到忙碌的狀態。

後來我觀察到，有許多人和我一樣渴望放鬆，但又害怕自己閒下來。於是，邊嚷嚷「壓力好大」，卻總是讓自己處在緊繃、忙碌與慌亂之中。逐漸地，慢性疲勞找上門來，被焦慮、失眠或各種身心疾病深深糾纏，才開始知道要照顧自己。

我們都知道，調適身心壓力的途徑之一，就是讓自己放鬆。但為什麼我們無法好好放鬆呢？

就我的觀察，原因有二：第一，大多數人不知道有效放鬆的方法；於是，總是用會帶來困擾的方式，試圖讓自己的身體或心理，暫時感到不那麼痛苦。像是用吃美食來犒賞自己的辛勞，透過熬夜追劇來忘卻白天的煩惱，當然也為此付出龐大的代價。

第二，放鬆下來時會感到罪惡。從小到大，我們不被允許放鬆，而是被拚命灌輸要充滿狼性、要有企圖心、休息是可恥的。這些信念深植人心，讓許多人拚命往前衝，卻不知道自己真正要的是什麼，迷失在成就、金錢與名利追逐的遊戲當中。繞了一大圈，許多人恍然大悟，原來自己要的不多，就是內心平靜罷了。然而，當一個人習慣了緊張，根本忘記放鬆時的身心狀態是如何，而且也無法放心地放鬆。一旦放鬆下來，內心的罪惡感萌生，大腦又引領著身體進入高度警備狀態。

學習放鬆，首先要允許自己放鬆。

那麼，要如何允許自己放鬆呢？答案是：也要允許自己不能放鬆。因為，在練習放鬆的過程中，最麻煩的就是「越想放鬆，越做不到」。當放鬆成了另一個壓力來源，便會越想放鬆，越感焦慮。

那麼，就允許自己可以不放鬆、不加批評地接納自己此刻的身心狀態。這時，我們需要有意識地覺察此刻自己的內在，也就是「刻意」；因為刻意，才有可能打破原有的慣性，在一次又一次的練習中，建立能自我安頓的新行為模式。

展誥寫的《刻意放鬆》這本書，我相當期待。整本書就是要引領你進入內心平靜的境界，而做法就是帶著意識（也就是「刻意」）去觀察、照顧與安頓自己的身體、心理與生活。在每一個片刻，安住當下，那瞬間，你就能感受到平靜。

這本書裡的文字，和我認識的展誥本人一樣，說話溫暖、行事從容，總是不疾不徐。與他相處，你能感覺到一股平靜。而這道令人安定的暖流，也充斥在書中的字裡行間。

只要你願意練習，就能夠打從內心深處接納自己——可以放鬆，也可以不放鬆；允許的過程，就是一種邀請，本身就會鬆開你的內在，然後，放鬆便會不請自來。

推薦文

好好照顧自己

陳德中 台灣正念工坊執行長

平常工作多以正念教學為主，閒暇之餘也喜歡靜坐放鬆，本身對自媒體經營不太熱衷，但偶爾也在臉書粉專發發文，每每看到粉絲的留言回饋，都覺得欣慰值得。

約在幾年前，我留意到一位叫胡展誥的人常在我粉專留言，而且都是很溫暖的回饋與鼓勵，本來以為就是個愛好正念的粉絲，一查之下不得了：原來他是暢銷書作家、知名心理師、臉書擁有數萬名粉絲、約他演講要排到一年以後……，像這樣大神級的人物居然還常在我的小粉專留言，真讓人受寵若驚！後來他也到台灣正念工坊來學習正念，並加入了師資培訓，彼此也就越來越熟悉。

很高興知道胡心理師即將出版他的第六本著作《刻意放鬆》，也很榮幸應邀撰寫推薦文。初次看到書名時覺得很特別，因為以正念的角度來說，悠遊自在的平常心本身已是最好的輕鬆狀態，為何放鬆還要「刻意」為之呢？在閱讀書的內文後才發現，展誥還真是用心良苦，雖然還未跟作者本人核對，但感覺他一直想提醒辛苦的現代人，一定要記得「好好照顧自己」。很多人在面對快速變化的生活工作時，常常忘了照顧自己的身心健康，也失去了放鬆的能力，並經由重複但難以覺察的習慣逐漸累積壓力，直到邁向耗竭。

但話說回來，現代人也並非不喜歡放鬆，甚至有的也滿會照顧自己，每當假日美食餐廳總是人滿為患，解封之後出國旅遊潮也讓機場大排長龍，但大肆享受之後，往往帶來更多的疲累與回到工作的不甘。其實關鍵就在於，現代人大多已忘記「放鬆原來可以是種本自俱足的狀態」。因此有點弔詭的是，正因如此，才要刻意覺察並改變長久以來的負面習慣，開始時需先「加功用行」，直到回到原先的「無功用行」。

因此，本書非常可貴地提供了二十五個能重新找回內心平靜的練習，一開始先剖析引發壓力的因素，接著教會讀者如何安頓情緒，然後一步步練習專注當下，最後開展更多的起身而行。胡心理師從自身經驗出發，以簡潔清晰的文字和豐富的例子，提供許多實用的放鬆方法。透過閱讀本書，讀者將有機會運用各種正念與放鬆的技巧改善自己的生活品質。如果你想在忙碌的生活中找到平靜和安寧，那這本書絕對值得一讀。

最後我想說的是，在好好照顧自己後，也可以試著真誠關心他人。胡心理師本人就是個「好好照顧自己、真誠關心他人」的最佳典範，大家細細閱讀，一定能在書中發現。若能往這方向邁進，你將會是個既放鬆、又快樂，且充滿意義感的人。

推薦文

在動與靜中找到平衡

蔡宇哲
「哇賽心理學」創辦人兼總編輯

刻意放鬆，這是現代人最需要的提醒與練習。

繁忙的社會中，多數人都努力追求更好，不只是物質上的，也是心理上的更快樂；但是卻很常忽略一件事，就是需要休息。許多人在持續的追求過程中，身體已逐漸習慣緊繃的工作狀態，都忘記放鬆是什麼感覺了，更有些人連給自己停下來的機會都很少。

我在很多睡眠講座的場合，都看到勤奮認真的主管卻為失眠所苦。主動積極是好事，但凡事過猶不及，只向前衝而不休息，遲早會過熱而當機。

人人都需要在動與靜中找到一個平衡，這本書將引領你探索靜的那一面。

推薦文

心有餘裕，才能看見生活的美麗

蘇琮祺 諮商心理師

我們都已經夠努力了，一起《刻意放鬆》吧！

「我是否也允許把帶給他人的平靜，撥一些來陪伴自己呢？」這是我在這本書裡最喜歡的一句話。身為跟展詰心理師一起共進過麥當勞午餐的心理師，我最能體會身為心理師那種忙碌於工作專業、個人成長與家庭生活，卻又需要陪伴每位個案重返身心穩定的矛盾狀態；照顧別人卻忘了自己，似乎就是身為心理師的常態。

我最想把這本教人放鬆的好書，推薦給跟我們一樣努力生活、認真負責又自律嚴謹的你。

當心中有餘裕，才能看見生活中的美麗。請「刻意」安排一段時間來閱讀《刻意放鬆》，讓展詰溫暖體貼的文字筆觸，幫助你學會如何重新理解與接納自己，也透過書裡每個概念技巧的練習說明，開始好好地關心跟照顧自己。

目錄

PART 4 起身而行

自序

放鬆，心的日常保養

剛開始從事心理諮商的前幾年，我主要服務的對象是兒童和青少年，無論他們因為什麼問題被大人帶到我這裡，多數的孩子都是充滿活力、神采奕奕的。他們開心地玩、暢快地哭、用力地生氣（也包含跟我吵架），並且充滿好奇地探索治療室裡的一切，雖然偶而會因為這樣弄壞幾個玩具。

為了讓治療效果擴及到諮商室之外，我主動與他們的父母及老師談話，設計許多有助於理解兒童青少年心理的課程，投注大量的時間與力氣到許多地方演講，希望能夠在這過程中與他們建立合作關係，協助他們在教養上更輕鬆一些。

可是，事情並沒有我所想的那麼順利。

這些大人要不是漫不經心地滑手機、改作業、做自己的事，不然就是與旁邊的人聊天，還有人大喇喇地睡到差點從椅子上跌落。有好多次才剛踏入演講的會場，台下那一雙雙哀怨與空洞的眼神凝視著我，好像我是他們累世的冤親債主。也曾遇過有老師一臉厭倦、毫不客氣地說：「我學這些要幹嘛？現在的孩子沒救了啦！」

其實我們真的都累了

我在他們身上感覺不到活力，除了一臉倦容之外，對工作缺乏熱情，對關係經營失去希望感，除了趕快把手邊的工作完成之外，他們似乎對於學習更多新的東西相當排拒。除了「厭世」二字，我找不到更貼近這一群人的形容詞。

有一段時間，我在與這些大人接觸時開始感到挫折、無力，甚至浮現負面情緒：「孩子是你們的，不是我的，幹嘛對我有情緒呢？」「如果連你們都是這種消極的態度，孩子怎麼可能教得好？」「假如這一群人都是這種德行，我實在很懶得再花力氣為他們思考更好的課程內容……」

等一下！

缺乏成就感與希望感、容易情緒化、抗拒學習新東西……我當下所感受到的情緒，不就是這一群大人內在最真實的寫照嗎？

那一刻我才驚覺：原來這些家長與老師並不是消極，也不是拒絕成長，而是**他們真的太疲憊了，以至於內在慢慢失去容納新事物的空間，也失去了學習的動力。**

這一群人從事的工作並不是什麼重度勞力或極具危險性的職業，他們就跟你我一樣，或許只是平常的上班族，有固定的休假、可預期的薪資、明確的升遷機制，工作內容也不常有太大的變動。我們的收入或許可以維持不錯的生活品質，偶而也會出國旅遊、參加團購、吃美食……，如此堪稱穩定的生活，怎麼還會有壓力或過勞呢？

原因在於，這些方式都是「由外而內」的自我照顧，我們是透過外在的因子來調節內在的壓力，但另一個影響我們身心狀態的重要管道，就是「由內而外」的心理歷程，包括你解讀事情的框架、看待自己的觀點、是否了解自己真正的需求……。這是一種相對主動的過程，也就是說，雖然每一個人處在同樣的情境，卻有截然不同的解讀與影響情緒的關鍵因素。

我發現這些人的內在都有一些共通點：

- 對自己的要求近乎嚴苛，不允許自己有犯錯的機會。
- 對事情經常抱持最糟的預期，好像不擔心的話，壞事就會發生。
- 希望事情可以完全按照預期發展，不允許任何意外發生。
- 知道放鬆很重要，卻又覺得休息或娛樂是不應該、不重要的事。
- 以為只要不工作的時候就是在放鬆。
- 麻煩的是，我們都誤以為前面幾個現象是正確的。

這些都是我們從小被環境灌輸且深信不疑的信念，即使明明處在安全或舒適的狀態中，這些信念依舊隨時督促我們要保持警戒，以避免發生不好的事情，而我們也因此不自覺地長期處在難以放鬆的狀態。

原來，那些我一直以為很難教的大人，其實只是一群累壞了的大孩子。

放鬆了，才有前進的力量

後來我到學校、企業、政府單位帶領研習時，一開場就會溫和而真誠地鼓勵他們照顧好自己：「假如你有帶咖啡或飲料來，請記得隨時優雅享用；假如你有帶作業或考卷要來改，請放心處理你的工作，處理完以後如果有興趣，歡迎隨時投入聽講；假如你現在很想睡覺，怎麼辦呢？沒關係，我現在就帶領各位做一段呼吸放鬆練習。」

每一次當我講完這段話，現場都有人笑出來，有些原本看起來很緊繃的人，臉部線條變得柔和放鬆許多。絕大多數的人會放下手邊的東西，端正坐姿，閉上眼睛，準備跟隨我開啟一段放鬆之旅。

我說這一段話的目的不是為了討好聽眾，或者故意吸引他們目光，而是打從心裡想好好照顧眼前這一群人。面對疲憊、緊繃的人，唯有先照顧好他們、營造一個放鬆且滋養的氛圍，才有可能讓他們清出一些內在的空間，願意開放自己，涵容更多你想要他們吸收的訊息。當他們被照顧了、放鬆了，才有力氣回過頭去好好經營自己的工作與生活。

出乎意料的是，每一次在完成呼吸放鬆練習之後，大部分的人都選擇放下手邊的工作，專心聽講，即使少部分決定要先改作業的人，也很明顯地加速處理手邊的事情，然後抬起頭聽我演講。我只是允許他們放鬆，但他們的態度卻比被他人規定或督促時還要主動且專注。

可惜的是，從小到大我們努力學習積極、學習努力，就是忘了學習放鬆；我們很努力學會照顧別人，就是忘了學會照顧自己。因為這樣，我的諮商風格開始轉型，從早期重視指導與教育，加入了更多鼓勵與支持的元素。因為我相信，當一個人的內心擁有了餘裕空間，就能重新長出學習與成長的動力。

坦白說，有時候當你停滯不前、覺得低落或困頓時，往往與消極或懶惰無關，而是你真的緊繃太久、也無力了。我也相信，你其實很期待自己能夠擁有繼續前進、好好面對生活的勇氣。假如是這樣，或許你需要的不是鞭策、逼迫自己，而是好好地學會讓自己放鬆這件事。

用放鬆作為日常保養

據說，這幾年各家電動車廠在研發效能卓越的電力管理系統時，都會有「藏電」的動作：刻意保留部分電力，避免電池因為完全耗竭而造成不可修復的嚴重損壞。同樣的道理，你不是要把身體磨耗到筋疲力盡，甚至生病、受傷了才允許自己休息，而是在日常生活中練習刻意放鬆，讓你的身心隨時保持著「有消耗，就有補充」的動態歷程。

假如你也是一個非常負責、總是嚴格對待自己、不太能夠允許自己休息的人，衷心期待你在閱讀這本書的過程中，能夠逐漸意識到兩件重要的事：

第一、「放鬆」其實是一種非常積極的行動，不僅能夠讓自己的身心保持在開放且穩定的狀態，還能為自己灌輸源源不絕的行動能量。

第二、無論如何，你都是一個值得被好好疼惜、呵護的人，而這件事情不需要由誰來允許，只要你願意，隨時隨地都可以練習讓自己好好放鬆。

前言

放鬆何需刻意？

在《西藏生死書》（*The Tibetan Book of Living and Dying*）中，有一首名為「人生五章」的詩：

第一章：我走在街上，街上有一個坑洞，我掉了下去。我一時之間不知道發生了什麼事。這不是我的錯，費了一番工夫才爬上來。

第二章：我走上同一條街，坑洞依舊在那裡。我沒有注意到，還是掉了進去。我不能相信竟然會掉進同一個洞，這不是我的錯，還是費了一番工夫才爬上來。

第三章：我走上同一條街，也注意到坑洞就在那裡，我還是掉了進去。這是一種習氣，我張開眼睛，知道自己身在哪裡。我知道，這是我的問題，我立刻爬了出來。

第四章：我走上同一條街，人行道上有一個坑洞，我繞道而行。

第五章：我走上另一條街。

誠如此詩，人生其實就是一段持續摸索各種答案的旅程，偏偏關於生命這件事，往往沒有唯一正確的答案。多數時候我們是依靠慣性過生活，但是太過依賴慣性卻很可能像這首詩裡的主角一樣，讓自己重複掉進某些讓自己受苦的坑，卻渾然不知。

關於放鬆，你正處在哪一章？

有人以為要等到賺夠了錢才有資格談放鬆，可是在你努力賺錢的漫漫時光裡，許多重要的時光與人事物也隨之流逝。

有人以為要等工作都完成了才可以放鬆，可是隨著年紀增長、責任越重，需要處理的工作只會更多，不會減少。假如你是一個工作繁忙，甚至需要待機（on call）的人，難道就註定無法放鬆了嗎？

有人以為吃喝玩樂、提升物質生活就是放鬆，可是過度放縱的生活習慣，卻可能為身心健康造成更大的負擔與傷害。許多買了卻用不到的東西，除了帶來短暫的快樂之外，對你的放鬆似乎沒有太多幫助。

有些人以為出遊或露營就是放鬆，可是如果你感覺到自己依舊掛心放假前的工作、收假後的工作，明明人在開闊的大自然裡，心卻忐忑不安，擔心著要搭帳就下雨、回程會塞車……，我相信這種度假的品質，很難讓你感覺到放鬆。

那麼，到底什麼才是放鬆？好像做這也不是、做那也不對，到底是要怎樣？放鬆怎麼會這麼困難？

其實，**所謂的放鬆就是一種友善的自我照顧：了解自己真正的需求，然後用適當的方式來滿足這些需求。**假使你渴望的是被陪伴，卻用大吃大喝來撫慰孤獨；假使你需要的是被理解，卻用指責大罵的方式來宣洩情緒；假使你需要的是肌肉發炎的修復，卻跑去參加馬拉松……，可以想像，這些行為都難以為你帶來真正放鬆的效果。

重複無效的行為，是無法獲得有效結果的。

而「從覺察開始，進而帶著清晰的意識做出非慣性的行動」，這個過程，就是刻意的精神。所以，**「刻意放鬆」其實就是藉由傾聽自己、覺察自己內在的需求，並且帶著覺察、以適當的方式來照顧自己的過程。**

在這本書中，我將藉由四個篇章與你分享「刻意放鬆」這件事：

一、覺察引發壓力的因素

談到「是什麼讓你感到壓力」，我相信每一個人都可以舉出很多例子，內容不外乎：職場與工作、健康問題、子女教養、經濟問題、生涯發展……等，這些引發壓力的種種因素稱之為「壓力源」。

重點來了：壓力源並不等同於壓力，但我們卻深深相信所有的壓力都是因為這些外部因素所引起。

讓你感到壓力爆棚的某一件事情，對其他人很可能只會引發輕微的焦慮；讓別人覺得喘不過氣的某些挑戰，對你而言處理起來可能只是一碟小菜。所以，事件本身多多少少會引發你的壓力感受，但真正決定你的壓力大小、延續多久時間的關鍵原因，往往取決於你的生活態度，以及解讀事情的觀點與方法。

減少工作量、換一個更友善的職場、提升生活品質……或許都能讓你更放鬆，不過這些都是仰賴外在環境的變化，這種「由外而內」的影響有一個限制：倘若內在的態度與觀點沒有調整，個人放鬆與否，都只能交由外在環境來決定。

本書的第一部「壓力之源」會陪伴你深入內在，了解某些如影隨形、隱微且難以覺察的慣性是如何對我們造成壓力。一旦理解這些內在的心理機制，你將會長出「由內而外」的壓力調節能力，即使外在環境的變化有限，你依舊能夠有效緩和內在的壓力程度，幫助自己更放鬆。

二、學會安頓自己的情緒

「許多看似有問題的行為，真正的核心是情緒問題。」這是我在心理諮商中很重要的發現。好比說：因為敬酒衍生出肢體衝突事件、因為害怕丟臉而選擇說謊來掩蓋事實、因為悲傷難過而大吃大喝……，這些不適當的行為不僅沒有安頓情緒的效用，還可能引發更多擾人的問題。

我們的情緒經常是不流動的，包括感受不到自己的情緒、辨識不出內在的情緒，不知道該如何適當且有效地表達。這些難受的負面情緒就阻塞在心裡，引發身心層面的不舒服。

一個情緒流動順暢的人，可以如實感受到某些情緒正浮現出來但不加以評價，能夠辨識內在的情緒是什麼，並且練習用各種適當的方式來處理內在情緒。允許情緒浮現、適當地處理情緒，然後讓情緒自然而然地緩解與消退，這樣的歷程就像是一條流動順暢的溪流，保持著穩定、放鬆而自在的狀態。

在第二部當中，我會與你分享許多安頓情緒的策略，幫助你長出與情緒共處的能力，不僅僅是消極地緩和情緒，也可以從辨識出這些情緒生成的源頭，主動減低許多不必要的負面情緒產生。

三、練習活在當下

假如有人問：「你希望職業生涯走得快，早早獲得功成名就，還是希望走得長久，然後漸入佳境？」

相信聰明過人的你，一定很快就能找到最佳答案：「傻瓜才會二選一，我當然要選擇走得又快又長久、從頭到尾都順遂啊。」聽起來很棒，對吧？

可是，你仔細想想：假如你用百米衝刺的速度、毫不保留地去跑馬拉松，後果肯定慘不忍睹。

生命的旅程就像一場馬拉松，很多時候，我們的目光都聚焦在某些「目標」上，好比說考上某間名校、存到幾桶金、升遷至某個位階、在某地段擁有一棟房子……，總覺得獲得某些成就才是人生最重要的任務，才可能獲得美好的生活，可是卻忽略了在這一趟辛苦的旅程中，本來就有許多美好而珍貴的風景一路相伴。

倘若你的目光都關注在不斷地解鎖成就、追求更多目標，那麼你隨時都會感覺自己處在匱乏的狀態——因為覺得不足，所以必須努力獲得更多。假如你的心態經常是「等到＿＿＿＿，我才要＿＿＿＿」，你可能會錯過生命中許多重要的事物。無論是為了追求更多而產生的匱乏感，或者因為錯過重要的事物而產生的後悔，都會耗損我們的心理能量。

或許，生活並不是因為擁有了什麼才能放鬆，而是因為懂得放下、懂得滿足而過得輕鬆自在。想要過得更放鬆，不是要往外追求更多、獲得更多；而是向內探尋自己真正的需求，並且珍惜當下已經擁有的。

生命不需要過得完美，但值得過得更完整；人生無法盡善盡美，但可以努力減少不必要的後悔。

四、將所學應用到日常生活中

無論是閱讀還是學習，最重要的目的都是「從知道到做到」，也就是將所學實際運用在日常生活中，這樣才可能為生活帶來實際的改變。

不過，這件事情並沒有想像中的容易，即使你知道了某些有助於放鬆的技巧，但這畢竟不是你熟悉的行動，大腦對於要執行新行為的神經迴路尚未被建立起來，因此做起來特別耗能，甚至有些不舒服。許多人往往因為這樣就放棄了，回頭重拾舊的生活習慣。

請你先問問自己：

- 「放鬆」在你的成長歷程中，是一種**被鼓勵**的行為嗎？
- 無論忙碌與否，你是否都會**刻意**為自己安排休息時間？
- 你是否會**刻意**為自己挑選有益健康（卻未必都美味）的食物？

- 你是否能夠**刻意**篩選充滿滋養（而非耗能）的人際關係？
- 除了可以立即享受到樂趣的事情之外，你是否也願意**刻意**從事一些短時間未必舒適、但長期持續卻有益身心的事情？

面對上述這幾個問題，假如你的答案大多為「否」，那麼你真的需要練習刻意地讓「放鬆」進入你的生活。

請別急著氣餒，我們的目標不是要在一瞬間改頭換面、完全改變生活方式，而是學習新的概念與方式，從簡單的步驟慢慢練習。你甚至會發現，這本書提到的某些練習，是你生活中本來就在做的事，好比說練習呼吸、專注地做一件事、藉由簡單的方式靜心、找回生活的掌控感……等等。

請放心，這不是學校的期末考，不需要在準備很久之後才能在困難的測驗中知道自己學習的狀況。重點是體驗，而不是去評價自己的學習結果。

這本書提供的活動可以讓你在每一次的練習中，都收到一些正向的體驗。隨著你練習的次數越頻繁、時間越長，當然越能夠將這些活動落實到你的生活中。慢慢地，這些活動不再是一種需要特別費心執行的練習，而是會成為你日常生活的一部分。

PART

1

壓力之源

刻意放鬆，是帶著意識去探尋壓力來源。
假如同一件事情對不同人造成不同程度的壓力，
那麼，引發壓力的來源或許不僅僅是外在事件，
也與我們內在解讀事件的觀點密切相關。
想要減緩壓力、學會放鬆，
就必須認識這些引發壓力的內在因素。

第1章

慣性的力量

假使每一天早晨睜開眼睛都是「全新」的一天，其實是一件非常嚇人的事情。好比說：你對於要從衣櫥裡挑出哪些衣服來搭配感到生疏；必須重新耗費一番心力研究從家裡到學校或公司的轉乘路線與時刻表；坐上汽車駕駛座之後，開始困惑該做哪些動作才能啟動引擎；到了學校或公司後，連要去哪裡打卡、該如何打卡都不清楚……。

幸好我們擁有一種很重要的資源，叫做「慣性」。

慣性幫助我們不費力地將日常生活維持在基本軌道上，像是：能夠在上學途中流暢地轉乘交通工具；知道大約幾點出門能游刃有餘地買份早餐；清楚如何回應會讓你的主管龍心大悅；熟知家裡的可樂通常擺放在冰箱側門由上往下數的第三層，以及當你造訪心愛的餐廳時，可以省力且快速地完成點餐。

那麼，我們的慣性是怎麼來的呢？關於這件事，可以從生物演化的角度來簡單認識。

演化而來的慣性

假如有人說：「相較於其他生物，人類是進化得特別成功、相對有智慧的高等生物。」你應該不會反駁吧？畢竟我們的確發明出許多驚人的高科技產品，住在舒適安全的空間，享受各種令人驚嘆手藝烹調而成的美食。至今，地球上還沒有人類以外的生物有這種成就。

然而，瑞典精神醫學專家安德斯・韓森（Anders Hansen）曾經提出一個很有趣的說法[1]。他說，如果將「從二十萬年前，首次在東非出現人類足跡到現在」的這段時間劃分成一萬個點的話，人類擁有汽車與電力的時間只占了其中八個點，享受電腦和飛機的時間，只占了三個點左右。那麼占據你我生活絕大多數時間並且重度依賴的手機，又在人類發展史中占了幾個點呢？

答案是……一個點。

也就是說，人類的演化過程中，在大草原的原始生活占了人類發展史百分之

1 參見《拯救手機腦：每天5分鐘，終結數位焦慮，找回快樂與專注力》（*Skärmhjärnan*），安德斯・韓森（Anders Hansen）著。

九十九點九以上的時間，相較之下，「智慧型生活」所占的時間比例微乎其微。這意味著我們生活在這個高科技的現代環境裡，或許還是帶著某些原始的慣性。

那麼，人類為求生存而演化出來的慣性包括了什麼？

在原始生活中，人類過著以狩獵和採集維生的生活，每一天睜開眼最重要的事情是：努力狩獵與採集果實，盡可能填飽肚子，以及謹慎地避免成為其他猛獸的食物。在這種前提之下，為求生存，我們會發展出的慣性像是：

一、**能吃就盡量吃**：畢竟沒有人能夠保證，那一顆顆鮮甜多汁的果實明天還會不會完整地留在樹上；而眼前那一頭可口美味的獵物，絕對不會乖乖待在原地等待你明天才來大飽口福。在種種不確定的情況底下，想要活下去，就得把握住每一次進食的機會。

二、**同時關注很多件事情**：草原上危機四伏，如果你因為成功擺脫一頭獅子就放鬆地坐在草地上專心享用餐點，可能就會忽略不遠處的草叢裡，還埋伏著幾頭正準備將你大快朵頤的猛獸。

三、**對負面訊息特別敏感**：在危機四伏的大草原上，錯過幾件開心的事情對你的生命沒有大礙，但若忽略了某個負面刺激，好比說周遭隱約的低吼、草叢裡異常的動靜、遠方洪水襲來的聲浪，很可能會讓自己一命嗚呼。因此，敏銳地攫取每一個負面訊息就顯得格外重要。寧可因為誤判情境而逃跑，也不要拿生命開玩笑。

聽起來似乎合情合理。然而，假如我們把這些十萬年前有助於人類生存下來的慣性，原封不動地複製到現代生活中，又會帶來什麼影響呢？

一、不同於草原生活，現在無論你何時去速食店，永遠都有充足的炸物和碳酸飲料賣給你。但「能吃就盡量吃」的慣性，卻讓你在點了套餐之後毫無抵抗力地聽從店員的建議，將薯條和濃湯的份量升級或再加點一杯奶昔。長時間如此飲食對健康會造成什麼影響，你一定很清楚。

二、坐在教室裡聽課時，假如你注意力分散、東張西望，一下子起身、一下子玩抽屜裡的東西，不僅會有粉筆朝你飛來，也將錯失許多課程重點，而你還可能因此被貼上「注意力不足」的標籤。假使你在與主管或客戶開會時頻繁分心，過不了多久就會捲鋪蓋走人。

三、下班路上，你腦袋裡反覆回想著剛剛在會議上老闆糾正你某個數字出錯，卻忽略老闆在會議上大大肯定你提出對公司極有幫助的計畫。你對老師忽略了你的某個提問耿耿於懷，卻忘了若不是因為要趕進度，老師絕大多數的時間都很有耐心地回答你的提問。

所以，延續至今的某些慣性能確保我們花費較少的心力，就能將生活維持在正常軌道上，但有些慣性卻對我們身心健康造成負面影響。

這本書的第一部分，會提到許多我們習以為常，甚至毫無覺察的慣性，正是造成身心壓力、讓我們難以放鬆的主要原因。

慣性可能正是問題製造機

幾年前，我和太太第一次到日本自助旅行。由於旅遊天數不多，加上我們倆都很容易焦慮，所以事先就縝密地規劃所有行程與交通路線，希望用最有效率的方式，在有限的時間內造訪許多景點。

前兩天行程都很順暢，直到第三天傍晚從廣島回到京都車站時，我們才發現忘了查詢如何從車站搭車回民宿。由於京都車站前的公車系統有些複雜，加上傍晚下了一陣雨之後氣溫驟降，我們的腳也有點痠了。愣在原地不知道該怎麼辦時，我感覺到彼此都開始有些不耐煩。由於當天晚上我們還訂了一間很有名的餐廳，倘若沒有趕快過去，可能會被取消訂位。

如果放任不耐煩繼續蔓延，依照過往慣性，接下來的對話很可能是：

「嘖，你怎麼沒有先查清楚路線呢？這樣很浪費時間耶！」

「查路線是我一個人的責任嗎？你做了什麼？幹嘛都推給我？」

「你講話有需要這麼不客氣嗎？」

這樣下去，一場衝突勢必會發生。

既然覺察到劇情可能會如此發展，我是否能夠做些什麼來避免呢？

我請太太在原地稍等一下。幾分鐘後，我端了兩杯熱呼呼的咖啡回來，將其中一杯遞給她說：「你看，我們這麼用心規劃，結果還是漏掉了一個行程。」

「什麼行程？」太太接過咖啡，有些好奇。

「迷路啊！」我說：「人生中有多少次機會，居然可以在冷得要死的京都迷路？」然後我們兩人都笑了出來，氣氛頓時輕鬆許多。

於是我們打了電話，用英文向餐廳取消訂位，接下來在車站周圍找到一個看起來很友善的女孩，努力用很破的日文向她詢問如何搭車，後來，藉由這位女孩的「神回應」，我們不僅順利搭上正確的路線，還額外得知一間價格實惠又美味的當地餐館。

由慣性所啟動的反應，絕大多數是憑藉著舊經驗行動。面對日常生活中單純的、重複的例行公事（像是煮飯、通勤、繳費）通常沒有太大問題，但面對複雜的情境時，像是：

- 面對親子問題或婚姻衝突時，假如你**慣性**地把注意力轉移到工作上，對於關係的修復顯然弊大於利。
- 感冒、生病而感到身體不適時，假如你**慣性**地自責沒有照顧好自己、質疑醫生問診不夠有耐心，或是抱怨身邊總沒人相伴，衍生出的負面情緒會讓你更不舒服。
- 當好友婉拒了你週末聚餐的邀約，假如你**慣性**猜疑是否自己做錯什麼事？是否自己的提議太無趣？害怕又將失去一個朋友？那幾天，你的心情可能會很煎熬。
- 每當你感覺低落或憂鬱時，假如**慣性**地依賴酒精或藥物來麻痺自己，迴避負面情緒與感受，長時間下來肯定會對健康造成很嚴重的傷害。

這些你所習慣的行為、思考，都有一個共通性：**迴避問題與負面情緒，試圖用其他方式讓自己舒服一些。**這些**慣性反應**通常都不需要花你太多力氣就會自行啟動，熟練地重複循環，久而久之，你的身心健康、人際關係、家庭與工作很可能會陷入一片混亂。

覺察，是調整慣性的開始

當你**全然仰賴慣性來過生活時，也將逐漸失去因應問題的彈性**。

如果想要擁有更滿意的生活，我們不該繼續被這些「以前可能很管用、現在未必有效」的慣性持續綁架。為了切斷這種自動化的連結，你必須練習站在一個客觀的立場來「觀察」自己，而這個過程也被稱為「覺察」。

「覺察」是很重要的內在機制，它像是一個不帶評價且中立的旁觀者，超脫我們習慣看事情的框架，溫柔地提醒自己：「親愛的，某個情緒浮現了，某個慣性反應即將啟動囉。」藉由覺察，可以讓我們避免陷入過往的循環，並且採取不同於以往、更有效的問題因應策略。

一旦自我覺察的能力越成熟，就越能夠幫助自己辨識出內在一套套重複上演的老舊戲碼。於是在生活中，你將不再被慣性所驅使，而是帶著覺知，主動做出適合當下的回應。

對了！在京都遇到那一位女孩，究竟給了我們什麼神回應呢？

當時我們有些緊張地用生疏的日文向她詢問，搭哪一線公車才能抵達我們要去的地方？然後她看著我們，親切地用一口流利的國語說：「你們搭〇〇線就可以了。」看著我們驚訝的表情，她燦爛地笑說：「嘿嘿，我也是台灣人啦。啊對了，那條路上有一家很好吃的餐廳哦，你們可以提早一站下車……。」

這一段插曲成了我們旅程中很美好的回憶。

假如依循慣性，我們很有可能會在現場大吵一架，但「覺察」幫助我停下腳步，並且在思考過後，決定選擇以不一樣的方式來回應。

其實面對生活中許許多多的情境，我們或許都有很好的因應能力，問題就出在我們太常任由慣性來主導我們的行為，以至於常常做出讓自己後悔莫及的事情。

從此刻開始，提醒自己常常練習覺察，你或許無法時時刻刻都保持了了分明的狀態，但只要你提醒自己覺察，就有機會停下腳步，嘗試以更適當的方式來回應當下的情境。

第2章 多工處理模式

我沒有助理，一年數百場的工作邀約回覆、交通旅程規劃（訂票、轉乘）全靠自己親自打理。工作繁忙的時候，我根本沒有完整的時間坐在電腦前好好處理這些細項，經常是在走路、搭車的過程中趁空檔滑開手機，同時完成回信、訂票、規劃行程等各種工作。

但也因為這樣，我發生過好幾次嚴重的失誤。

好比說：因為一邊思考工作的事情，結果列車到站卻忘記下車，讓來接我的人員在車站空等，耽擱了演講的時間；也曾不小心在同一個時段安排了兩場演講，結果當我準備開始上課時，卻收到另一個單位問我人在哪裡，讓那一個單位的講座開天窗；還有一次在高鐵站邊等待對方來接我去演講時，我一邊低頭滑手機，完全沒發現自己上錯汽車，嚇得車上的女駕駛驚聲尖叫，甚至還驚動鐵路警察前來關切。

追求效率是需要付出代價的

像這樣一心多用、同時間處理很多事情的行為，也叫做「多工處理模式」（multi-task mode）。而這種模式，對現代人而言再熟悉不過了。

小時候曾經看過同學騎變速腳踏車時放開雙手，一邊啃著左手的吐司，右手握著一杯紅茶，這已經是我覺得不可思議的特技了。即使如此，他的雙眼依舊緊盯著眼前的路況。但我萬萬沒想到，二十年後的景象更是誇張。

大馬路上，經常看到行人走路（甚至是騎車、開車）時，低頭注視著手機，絲毫沒有發現到自己闖了幾個紅燈，還有幾輛驚險閃避他的車。有些人甚至突然間停下腳步滑手機，完全沒意識到自己站在車水馬龍的路中央。

坐在辦公桌前，我們習慣同時點開許多視窗，這裡做一點，那裡也做一點；跟家人相處的時候同時掛念著辦公室的事情，一邊回覆公務群組的訊息；用餐時間同時檢討孩子的作業或聯絡簿，或者訓斥孩子被老師投訴的行為。

看起來很有效率，對吧？

生活在資訊爆炸的世代，似乎得同時間做很多事，才算是跟得上時代的腳步。

但是，即使你沒有像我那樣忘了下車、走錯月台，也沒有因為在路上滑手機而發生意外，多工處理依舊會對你造成某些負面影響。

為了幫助你明確體會「一心多用」對大腦造成的負擔，我們來玩一個「默數」的遊戲。

首先，請你開啟手機裡的「計時」功能（通常可以在內建的時鐘APP裡找到）。這個遊戲總共有三個步驟，完成了步驟一之後，先記錄下你花費的秒數，然後再依序進行步驟二及步驟三。

準備好了嗎？來，開始囉！

步驟一：請在心裡默數，從數字1數到26，總共花費了＿＿＿秒。

步驟二：請在心裡默數，從英文字母A數到Z，總共花費了＿＿＿秒。

步驟三：結合前兩步驟，請在心裡默數，以1A、2B、3C……的規則依序配對到26Z，總共花費了＿＿＿秒。

前兩個步驟對多數人應該是輕而易舉，但假如你連步驟三也能夠一氣呵成、順利地從頭默數到最後，那我真的對你佩服得五體投地！

為什麼呢？

多工處理，其實是在為難自己的大腦

大腦科學家發現，當你同時間處理許多事情時，事實上並未如你以為的多件事情同時進行。你只是表面上看起來有如八爪章魚般一次同時做許多事，但你的注意力卻是在多件事情之間不斷來回「切換」。

也就是說，當你才正要靜下心專注做一件事時，注意力就被切斷，被迫轉移到另一件事情；正當你又要專注在新的事情時，注意力再次被截斷，切換到另一件事情上……，一整天下來，這種現象在無意識的情況下重複無數次，直到你筋疲力盡、回過神時才發現：怎麼快下班了？為什麼累得半死，卻沒有一件事情是好好完成的呢？

在這裡，請特別留意專注力的兩項特質：

第一、當你想要專注在一件事情上，大腦必須耗費一些力氣與時間，而非瞬間就能夠全然專注。所以翻開一本書、開啟一個檔案夾，你通常需要一些時間暖身（或複習），才能夠逐漸進入專注的工作狀態。

第二、當我們想要將注意力切換到另一件事情時，依舊會有一部分停留在前一件事情上，這種現象稱之為「注意力殘留」（attention residue）。所以當你期待孩子從專注的事情（玩電動、打球）中去做另一件事情時，他們會呈現有些心不在焉的現象。或許不是他們不聽話，而是因為他們有一部分的注意力還停留在剛剛專注的事情上。

想想看：當你在處理某一件事情的時候，不經意地滑一下手機，點開購物網頁，接聽一通電話，回應通訊軟體的訊息，與同事討論幾個午餐選項，翻一翻手邊還未處理的待辦事項，又不經意地滑一下手機……你在這些動作中所耗費的與殘留在前一件事情的注意力，累積起來是不是相當驚人？大腦歷經一整天如此的磨耗，你怎麼可能不疲累呢？

現在，讓我們再回到前面的默數遊戲。

在絕大多數的情況下，將完成前兩個步驟所需的時間加總起來，通常還比第三個步驟少很多，而且許多人在第三個步驟進行到一半時，就忘了數到哪裡，必須從頭來過，或甚至打退堂鼓。

我在完成這個活動之後，經常訪問學員的體驗。大多數學員都表示在進行步驟三的時候，因為要同時兼顧多件事情，所以往往會感覺到：

一、更緊張、更有壓力。
二、出錯的機率提高許多。
三、需要花更多時間與心力重新完成任務（甚至想要放棄）。

假如只是簡單的配對遊戲都可以讓我們如此耗能，更遑論在職場、生活、人際關係中，有好多事情都仰賴複雜的思緒處理。

過度追求效率，反而失去更多重要的東西

深受全球觀眾喜愛的網飛（Netflix）從大數據中發現，多數使用者在下班之後，手上的遙控器只是在許多戲劇與電影劇照上跳動，看了幾十秒的劇情簡介，卻無法決定要觀賞哪一部作品。他們可能猶豫：真的要看這一部嗎？這部電影值得我花一個多小時觀賞嗎？會不會浪費時間？會不會很花力氣？看了這部是不是就沒時間看下一部？

想著想著，一整個晚上寶貴的時光就這麼過去了。最後你筋疲力盡地關掉電視機，卻沒有享受到任何觀看電視的樂趣。

假如你在吃飯、旅行的時候總是忙著打卡拍照上傳，並且殷切地關注貼文按讚

數與留言，你可能會錯過沿途中許多美麗的風景，錯過食物最佳的賞味時間，也品嘗不出餐點細緻的風味。

假如與家人相處時總是想著還未完成的工作，與孩子聊天時總是滿腦子催促他去洗澡、寫作業，希望他努力讀書拿到好成績，也會錯失專心陪伴彼此、與彼此共處的珍貴時光。

多工處理模式還會引發「拖延」的問題。因為同時間想處理太多事情，導致心理感覺到莫大的壓力。為了逃避這種壓力，於是把時間用來處理不相關的事情，或是乾脆追劇、聊天，結果明明可以妥善處理的事因為拖延而不斷堆積，到後來變得一發不可收拾。

表面上你好像同時處理很多事，實際上卻虛度了許多時間，沒能好好體驗生活，甚至錯過生命中重要的時光。**當我們過度追求效率的同時，無形中失去的東西更多。**

慢不下來，往往與內在焦慮有關

你可能習慣一次帶很多本書出門（或進廁所），但是實際上，你一次只能閱讀一本書。

面對堆積如山的工作，你或許想要火力全開、一次同時處理多件事情，但是實際上，你一次還是只能處理一件事。

「假如只帶這一本書，就會錯過另一本書」、「如果只做這件事，就處理不了另一件事」的思考模式，通常是內在的焦慮作祟。擔心事情做不完、擔心事情做不好，自然就會萌生想要一次把事情都解決的念頭。但越是這樣，心理負擔就越大，排山倒海而來的壓力，不僅無助於你的工作，甚至還對身心健康造成負面的影響。

想要把工作完成的動機很好，但想要同時把所有事情迅速處理完畢的念頭卻不太實際。

面對這種狀況，有一個簡單的應對策略——列出待辦事項清單。你可以試著：

一、靜下心，將待辦的事項一一列出來。

二、依據事項的重要或緊急程度順序排列。

三、一次專注地完成一件事之後，再接續處理下一件事情。

人們通常不怕忙，而是怕混亂，尤其是在忙碌之中突如其來的各種插曲，都可能會讓你的理智線斷裂、覺得心累。一旦你清楚列出待辦事項，大腦就不需要耗費額外的力氣不斷地提醒自己該做的事情；當你排出執行順序，就能獲得秩序感，也讓自己感到比較輕鬆。

一開始培養這個習慣的確需要花一些時間，但經常做這個練習，你會深刻體會到省時省力又減少出錯的好處。

第3章 忙碌成癮

壓力是一種選擇，你相信嗎？[2]

在絕大多數的脊椎動物身上，都有一套「壓力反應系統」，這是生物在漫長演化過程中重要的機制，目的是幫助我們處理危機，並且在艱難環境中存活下來。

想像你生活在原始的草原上，眼前突然出現一頭飢腸轆轆的猛獸；你辛苦跟蹤了好幾天的獵物即將被其他插隊的野獸搶走；你所居住的山洞因為地震開始崩塌……，我們內在的壓力反應系統就會以迅雷不及掩耳的速度啟動一系列生理反應，像是心跳加快、肌肉緊繃（進入備戰狀態）、減少腸胃蠕動（此時不是消化和享用美食的好時機）、睡意全消（是活命重要還是睡覺重要？）。

這時候，你要不是奮力消滅眼前危機，不然就是拔腿狂奔、逃離險境。這就是著名的「戰鬥或逃跑」反應。

等到危機解除之後，壓力反應系統就會冷靜下來，心跳隨之緩和，肌肉逐漸放鬆，恢復胃口（覺得肚子餓、想要來一點好吃的東西）。如果可以的話，吃飽飯後再好好睡上一覺就更棒了。

十幾萬年前的草原上有各種致命危險，像是各種趁你不注意來侵占地盤的生物、隱身在草叢想把你抓來果腹的猛獸、禁不起地震而崩塌的山洞……，不過你可能會想「那畢竟都是遠古時代的事情了」，現在你下班後走在捷運站前，要被獅子吃掉或被突如其來的海嘯淹沒的機率，絕對比中樂透頭獎還要低。

照理來說，現代人的壓力反應系統應該會遊手好閒，甚至沒有存在的必要了，對嗎？

現代化的步調，正是壓力的主要來源

很可惜，事實與我們所想的正好相反。現代人的生活，有更多「危機」環繞在我們的周遭。

現代人的危機是什麼呢？

2 本句引自《QBQ問題背後的問題》（*QBQ! The Question Behind The Question*），約翰・米勒（John G. Miller）著。

- 經濟上，堆疊如山的帳單與綿綿無絕期的貸款。
- 職場上，每天都處理不完的突發事件與工作量。
- 教養上，來自各方專家大量的教養建議、頻繁改變的考試制度和學習模式、孩子的健康問題。
- 學習上，寫不完的考卷與永無止盡的升學考試、競爭。
- 人際上，檯面上與檯面下的各種比較、爾虞我詐的互動。

為了避免被這些危機「淹沒」，我們花更多時間與精力工作、賺錢、教養，所以，我們的生活越來越用力，也越來越難放鬆。

壓力反應系統是用來因應短期的壓力事件，一般而言，危機事件解除以後，壓力反應系統也會跟著緩和，生理機制重新回歸穩定的狀態。

但是現代生活中大大小小、持續不斷的危機事件，讓我們的壓力反應系統長時間處在活躍狀態。持續分泌的壓力激素影響各種生理機制的運作，破壞我們的作息、健康，一旦作息與健康受影響，又會影響我們工作的情緒與效率。情緒影響工作、工作影響情緒，從而形成充滿壓力的循環。

假如你能有意識地提醒自己：「嘿！我最近太疲累了，要試著調整工作方式，並且找時間好好休息。」就有機會停下這種惡性循環。

但是，問題往往就出在這裡，「休息很重要」時常只是淪為一種口號。事實上，我們經常否定自己休息的需求，不允許自己有休息的念頭。

我看過很多人（尤其是男性）聚在一起聊起工作，總會慣性嘆氣。「唉呀沒辦法，最近越來越忙了。」一面對升遷、更多發展的機會，所以工作量增加、責任更重大等等……。

雖然嘴巴喊著「忙死了、累死了」，心裡卻洋溢著滿足、成就感，甚至還有一股勝過他人的優越感。如此一來，忙碌就成了一種獲取成就或價值的手段。

並不是說從工作中獲得成就感是錯的，但是當你將忙碌作為（甚至依賴）獲取成就感的唯一來源，或者藉由工作來逃避其他事情時，你有極大的機率讓忙碌成為一種癮，從此將壓力牢牢扛在身上。

你根本就不習慣放鬆

許多人是因為長期焦慮而累積的壓力來尋求心理諮商，當我提醒他要放慢工作與生活的步調時，總是雙手一攤說：「沒辦法，工作（生活）就是這樣。」彷彿他對這種忙碌的生活雖不滿意，卻也無可奈何。

事實上，人們經常忽略了：**你不是真的沒有辦法做出任何調整，而是沒有覺察到，自己習慣將放鬆的重要性排在最後面。**

當然，所有的工作都完成了，可以坐下來悠閒地喝杯咖啡，或者來一趟觀光旅遊，都很令人嚮往，但是真正的放鬆不是一定要有完整的時段出國旅遊、購物、做瑜珈……。讓你長時間處於緊繃、難以放鬆的原因，並不只是工作太多或假期太少，而是你根本就「不習慣放鬆」。

一個內在緊繃、焦慮的人，即使好不容易出國旅遊、與家人或好友聚餐，也不見得能感到放鬆，因為長久以來，他並沒有學會放鬆這件事。

無法放鬆的原因包括了：

- **被動等待休假到來：**總覺得要「等事情都做完」才能放鬆。問題是，事情怎麼會有做完的一天呢？職場、家庭，乃至於各種突發狀況充斥著我們的生活。被動等待休假到來的人經常處在過勞與無力的狀態，因為他們從不覺得（或沒發現）休息與放鬆是可以主動為自己安排的。
- **總覺得做得還不夠多：**就算手邊的事情都告一段落了，內心總是焦慮還有什麼事情沒有做？是不是忽略掉什麼？所以，你會開始為自己找事情做。不是你真的喜歡這麼忙碌，是因為找事情做才能幫助你減緩焦慮。但很弔詭的是，當你為自己找到更多事情做的時候，又同時增加了壓力。

- **總覺得做得還不夠好**：被「好還要更好」魔咒綁架的人，總是忽略自己的努力與好表現，用力找出自己做得不夠好的蛛絲馬跡（即使根本沒有人挑剔），他們的力氣經常耗費在自責與自我懷疑。即使偶而為自己的成果喝采，但那種正向的感覺總是很短暫。為了降低覺得自己不夠好的焦慮，他們會花更多時間求表現，換來的往往就是過度疲憊。

忙裡偷閒，主動創造放鬆時刻

很多年前，知名的飲料大廠在即溶咖啡的廣告中，打響了一句經典台詞：「再忙，也要和你喝一杯咖啡。」意思是這種新產品會讓「咖啡時間」變得更簡單輕鬆，隨時隨地都能進行。這一句話也適用在忙碌的現代人身上。

不是所有人都能在疲累（或者心累）的時候，就不顧一切地離職，或是請長假來一段遠離塵囂的長途旅行。重點不是殷殷期盼「我什麼時候才有完整的假期可以放鬆？」，而是「我如何在當下創造一些放鬆的空間？」。

事實上，只要你願意，此刻就可以為自己創造一些放鬆時刻：

- 放下手邊的書、手機，把注意力放在鼻子上，放鬆地做幾下深呼吸。（你是否經常因為緊繃而憋氣？）
- 專注地拿起手邊的杯子，帶著覺知緩緩地喝幾口茶。（你是否一整天都忘了要補充水份？）
- 起身走走路，上個廁所。（你是否常因為忙碌而不自覺憋尿？）
- 移動視線，欣賞一下周圍的環境。（你是否太過專注在工作上，忽略了辦公室裡多了一株小盆栽或上班途中多了一間漂亮的咖啡店？）

這些行動只需要短短幾分鐘甚至幾秒鐘，但是當你完成這些簡單的動作，再次回到原本進行的工作時，會發現頭腦變得清醒許多，也更專注了。

假如你的腦袋又開始播放許多對自己嚴厲、刻薄的語言時，也可以刻意練習「按下」暫停鍵，換另一個頻道跟自己這樣說：

- 等一下！你現在對自己說的話太嚴格了喔！
- 你有某些時刻表現得很好，所以並不是「一直都很糟」。
- 你不需要成為最優秀的那**一個人**，你只需要成為優秀的那**一群人**。
- 你可以對某件事感到**挫折**，但不需要**自責**。

● 犯錯是學習旅途中必然的風景，你正往成長的道路前進。

在生活中隨時隨地、主動為自己創造放鬆的片段，日復一日、年復一年，不僅累積許許多多滋養自己的時刻，你也會逐漸改變過往那種被動等待假日才能放鬆的習慣；改變那些壓得自己喘不過氣的慣性心態。

假如你經常覺得生活忙亂、一刻不得閒，經常把時間用來照顧別人，卻總是沒有時間好好照顧自己，那麼，從現在開始，請你記得常常問自己：

「此時此刻，我如何幫助自己放鬆一些呢？」

第4章 懈怠恐懼

假如你認為自己不屬於前一章提到的「忙碌成癮」，對於追求各種成就沒有太大的興趣，也不太熱衷於向別人證明自己的工作能力，但是在生活、職場、各種人際關係中依舊難以放鬆，時常感到壓力滿載，那麼你可能是屬於這一章要提到的狀況——「懈怠恐懼」。

無法放鬆的一群人

有懈怠恐懼的人，疲憊的時候雖然理智上也想放鬆，實際上卻總是不允許自己停下忙碌的腳步。即使手邊根本就沒有事情要忙，或者好不容易在處理完所有工作後才盼到睽違已久的假期，卻依舊睡得不安穩、早早醒來，總覺得必須「找點事情」做。萬一找不到事情可以忙，就會莫名感到焦慮。

而且這一份焦慮像是內建自動導航功能，經常使人無意識地漫遊到書桌前，打開電腦，在工作相關的資料夾之間點來點去。

他們的腦袋無法停止思考與工作有關的事情，內心總是擔憂：「要是我現在放鬆了，會不會有工作做不好？我會不會漏掉了什麼部分還沒有處理？需不需要預先為下一個階段準備些什麼？」

他們完全忽略了自己已經好久沒有休息，或者根本忘了休息到底是什麼感覺。他們無疑是公司和老闆最愛的一群人，因為他們從不輕易喊累，也不會爭取休息的權利。但是這種性格對於一個人的身心健康顯然是極大的負擔。

關於放鬆，他們焦慮的是……

相較於忙碌上癮的人總是關注在「自身表現」與「績效」上，對絕大多數的懈怠恐懼者而言，他們關注的焦點則是「他人」與「掌控感」。他們害怕自己一旦鬆懈了，就會對別人造成負面影響或把事情搞砸，像是：害他人進度落後、拖累整個團隊的業績、害同事被主管或客戶責難……。

擔心拖累別人

我有一位好朋友，每次提到她，我的腦袋都會浮現一個困惑：這個人到底有沒有在睡覺？

無論對方什麼時候傳來訊息，她幾乎都會在幾秒鐘內讀取並迅速地簡要回覆，然後在短時間內進一步提供對方更詳細的答覆。即使是非上班時間，她也會立刻回應「好，等我進辦公室後立刻回覆你」。除此之外，公司需要支援的時候，就算是假日她也幾乎全天候待命。

有幾次與她聊到這個情況，她說她當然也知道休息的重要性，這幾年來因為過度的疲勞，身體早已陸陸續續出現許多狀況。就連主管和同事都看不下去，時不時就提醒她去休假，但她似乎很難改掉這個形成已久的習慣。

「就算是放假，我也沒辦法理所當然地休息，」她說：「許多事情都跟我有關，萬一我沒有第一時間回覆或處理，就會拖累其他人的進度。」

對她而言，放鬆會造成他人困擾、團隊進度落後，她認為這樣的人是很自私的。她不喜歡成為別人眼中自私的人，所以她無法允許自己休息。

缺乏安全感

你身邊是否有一種人，對每件事情都要求高度掌控，傾向為他人做安排，而且不允許事情有意料之外的發展呢？

對於每件事都必須親力親為的人，他們的內心總是焦慮著：「萬一事情不是由自己親自處理的話，很可能會出問題。」為了確保每一個環節都能夠精準無誤，最好的方式就是每一件事情、每一個細節都由自己來確認、執行。

當一個人習慣性竭盡所能確保事情能如自己所想的發展，他的內在是很缺乏安全感的：害怕事情會脫軌、失控，因此必須投入大量的心力來避免各種意外發生的可能。當內在越沒有安全感，表現於外的行為就會更加需要掌控。

但是，「計畫趕不上變化，變化趕不上主管突如其來的一句話」，世界上唯一不變的真理，就是事情隨時都在改變。倘若無法接受生命中有任何意外，不僅讓自己時時生活在焦慮與擔心當中，也會逐漸失去應變突發狀況的彈性。

內在的不安全感不只局限在工作中，也會延伸到親密關係、親子教養，乃至於生活中的大小事，這種行為經常會以愛為名而行「控制」之實。假使一個人將內在的不安全感化為關係中的控制，接下來的劇情你一定不陌生：他會以各種「我都是為了你好」為理由，為你做決定，期待你能達到他的期待。

這種控制的行為會讓對方感到被侵犯，引發關係中的衝突，但實際上，他只是要安頓內在對於失控的焦慮。假如沒有覺察自己內在的心理歷程，他們還可能覺得自己好心沒好報、吃力不討好，為此感到非常委屈，明明就努力為對方做了多事情，為何對方不願領情？

內在的罪惡感

還有一群人，他們經常存在一股揮之不去的罪惡感，總覺得別人還在忙，我如果先去休息是不是很糟糕呢？

想想看，你在職場上是否也有類似的狀況？明明已經到了午休或下班時間，假使沒有人去吃飯、沒有人先起身離開辦公室，就算已經飢腸轆轆或有其他活動安排，你也不太好意思停止手邊的工作。雖然你份內的事情都完成了，卻只好繼續找點事情做，同時緊盯著時間，祈禱趕緊有人先當領頭羊離開辦公室，或是希望主管可以大發慈悲，吆喝大家趕緊下班去休息。

這些人表面上看起來配合度極高、不太抱怨，但內在的困境很可能是**不敢隨意表達真實的需求**。他們擔心表達需求會引來指責、衝突，因此內心經常處在「說，還是不說？」的拉扯間。

不難想像，在大多數的情況下，他們會選擇壓抑表達需求或情緒的衝動，但長時間下來，他們逐漸忽視自己有表達需求的權利，變得越來越不習慣表達，直到某一天真的忍不住，壓抑許久的委屈與不滿終於一次炸開，但周圍的人卻顯得難以理解，認為他沒事為何突然如此情緒化？是吃錯藥了嗎？

懈怠與放鬆是兩回事

懈怠與放鬆，在程度上是完完全全不同的兩件事。

有懈怠恐懼症的人經常忽略了一件事：**你只是在忙碌的生活中暫時放鬆一下，而這種放鬆對任何人都是維持健康、紓解壓力不可或缺的元素。**

為何我們會把放鬆當成懈怠呢？這種現象通常與個人在成長過程中遭受嚴厲地要求、被比較有關。好比說：

- 你排行老大，務必做好的榜樣給弟妹看，也要幫忙分攤父母的辛勞。
- 你花了家裡不少學費，希望你能比別人更努力，不要輕易喊累。
- 比你成績好／能力好的人都還在堅持，你有什麼理由說要休息。
- 別人不想做的你千萬不要嫌棄，多做一點才有機會被老闆看見。
- 人家好不容易才給你機會，要是沒能好好把握住會被人看笑話。

你知道為什麼這幾句話聽在耳裡讓人覺得難受嗎？因為這些語言都有一個共同點：忽略你的特質與需求。你是誰、你需要什麼、累不累、辛不辛苦都不重要，重要的是你只要一旦放鬆了，就會遠遠落後於別人、會拖累別人、會讓別人失望。

倘若說這些話的人是你的重要他人，你就更可能對這些語言深信不疑，把它們當成苦口的良藥，用力吞下肚。聽久了、習慣了，你就會在不知不覺間把他人的語言撿起來要求自己，甚至執行得更嚴苛、更不留情面。殊不知，當你內化了這些猶如利刃的語言之後，也同時劃傷了自己的價值，否定了放鬆的需求。

我與這類型的朋友談話時，經常從他們的言語和行為中感受到對自己的嚴厲要求：「比起別人，我這種程度根本不算什麼，也不需要休息吧？」「我其實好想休息，這樣的我是不是很沒用呢？」每次聽到這些回應，我都覺得對方好像不認為自己是一個需要被好好善待的人，也因此覺得很心疼。

說真的，你累或不累、該不該放鬆，為什麼需要與別人做比較、需要取得他人的允許呢？就算是手機用到快沒電，我們也會適時幫它充電，或者調整為省電模式，關閉不必要的APP減緩耗電量。這麼做的目的是什麼？不就是為了避免因為電力耗盡造成電池損壞，並且讓它重新擁有正常運作的充足電量嗎？

假如面對一支用了幾年就可以換新的手機都如此用心，為什麼對於無法重來的生命，我們不能用同樣的態度來呵護、善待自己呢？難道我們的健康比不上一支手機的價值嗎？

適度的放鬆不是罪，不允許自己放鬆才是造成身心失衡的最大兇手。

第5章

用腦過度的生活

阿凱早上出門前有些不開心，所以故意擺了臉色，沒想到太太視若無睹地出門上班。他覺得很不舒服，傳了個訊息給對方想試探她的反應。阿凱關注這訊息一直躺在對話框，久久沒收到回應，於此同時，他的內心有一齣劇情正悄悄上演：

「她是否在做一些不想讓我知道的事情？她知不知道我早上有點不開心？她是不是故意不讀訊息？她怎麼可以這麼不尊重我？難道是我做錯了什麼？既然不開心為什麼不直接告訴我，要讓我這麼痛苦？」

不知不覺間，負面情緒就上來了。情緒一上來，也連帶引發身體不舒服的反應與感受。不舒服的情緒與感受越來越明顯，又啟動更多負向思考。

過一會兒，太太終於回訊息了：「親愛的，抱歉我剛剛在開會。我早上感覺你有些不舒服，但不知道該怎麼問比較好。你還好嗎？下班後我陪你去吃點東西、聊聊天好嗎？」

看到訊息，阿凱心裡的不舒服瞬間煙消雲散，整個人都釋懷了。

不過，在放鬆的背後又跟隨著一些煩惱：其實打從一開始，他隱約知道剛剛的負面情緒可能與事實無關，只是內心小劇場在作祟，而這個劇場的導演不是別人，就是他自己，因為這個情況已經發生過好幾次。讓他煩惱的是，即使已經覺察到這種情況了，卻還是停不下腦袋裡的思緒，抑制不了負面情緒。到底該怎麼辦？

每一次，當我們抱怨壓力很大、心很累、煩悶或憂鬱的時候，其實所有的焦點都指向同一個部位，那就是我們的「大腦」。

這一顆體積差不多一個成人拳頭大、重量大約只有我們體重百分之二的大腦，每天耗費將近占全身百分之二十的氧氣與熱量。擁有超過一千億個神經細胞的大腦，集結了無數重要的功能，其中最不可思議的，就是人類優異的複雜思考能力——不僅能夠解決不少問題，但是……也為你帶來數不盡的煩惱。

雖然我們難以感受到大腦的感受（你有聽誰說過大腦很疲憊或很痠痛嗎？），但是與身體其他部位一樣，假如我們經常讓大腦處在過勞的狀態，就會造成負面影響。那麼，我們是如何過度使用大腦的呢？

想像出來的痛苦

假如你經常對鄰居家的小狗惡作劇（只是舉例，相信你不會這麼做），小狗會把你和「不舒服」這三個字連結在一起，未來只要看到你或聽到你的車子引擎聲，牠就會盡量避開你，以免遭殃。不過，牠的作息並不會因此有什麼改變，當你沒有出現在牠眼前的時候，牠還是開開心心地吃肉肉和睡覺，生活過得自在又愜意。

但若兩者對調，情況就大不相同了。

假使你曾經被鄰居的小狗咬過，明明是隻聰明可愛的黃金獵犬，看在你的眼裡就像是一頭面貌醜陋的地獄惡犬。你的腦袋不時會浮現各種對這隻狗的怨恨與詛咒，可能連帶覺得牠的主人不明事理、缺乏公德心，甚至時不時就抱怨為什麼會跟這種混蛋當鄰居。每一次當你「想」起這件事，都會像是親臨現場般地怒不可遏。但這時候，小狗和鄰居根本不在你附近，他們正悠哉散步、吃點心（想到這裡是不是又更氣了？），那麼你的怒氣究竟是因何而起？

這就是「想像出來的痛苦」，這種痛苦不是因為實際事件引發，而是經由大腦的想像而產生。可能是基於過往的負面經驗，也可能是對未來的擔憂。

想像出來的痛苦具備三種破壞力：

- **重溫痛苦：**令人難受的事情可能僅僅發生過一次，又或許好幾次，但你的腦中時不時會想起這些事。想起多少次，就等於再次經歷這種痛苦多少次。在這種情況下，我們經由想像產生的痛苦感受，遠比事件本身帶給我們的還要多更多。

- **負向預期：**你會在心裡重複催眠自己「假如再遇到這件事或這個人，肯定又會以糟糕的結局收場」。最典型的例子就是想到明天要跟某客戶開會、下星期一要上班，或者即將到來的農曆春節……，光是對未來抱持著負向的預期，就會讓此刻的你心煩意亂。也包括你還沒回到家，就已經開始想像鄰居家的狗狗齜牙咧嘴、等著咬你的兇狠模樣。
- **無限延伸：**腦袋裡一旦產生某個想法，就如同水滴掉落的湖面，泛起陣陣漣漪。當你想起某個人，就會連帶想起某些事，接著又想起與這些事有關的其他人事物，想到後來其實已經與最初浮現腦海的事情毫無關聯，但專注力卻如同脫韁的馬群，早已四處奔竄，收不回來。

假設你經常處於不在場的痛苦裡，就等於頻繁地把自己暴露在用腦過度的風險中。不在場的痛苦不僅是一種對自己反覆的折磨，也連帶影響你的行為反應：假使與人互動時，你經常帶著負面情緒，預期對方會傷害你，你很可能會不自覺過度防衛、與別人保持距離，甚至採取先發制人的攻勢，那麼每一次的互動，都將是不愉快的經驗。

連吃飯都讓人覺得心累

你有發現嗎？有時候我們就連吃東西這件事，也經常處在用腦過度的狀態。「什麼？這一小盤薑絲炒大腸居然要賣三百元？也太坑人了吧！」看到菜端上桌的瞬間，你的腦袋自動產出一個評價，連帶引發不滿的情緒。「這一盤的擺飾比較漂亮、分量也不少，CP值比較高一點。」這也是腦袋製造出來的評價。

有些人面對「桌上的剩菜」內心總是一番交戰：假如沒有把飯菜吃完，似乎很浪費。「浪費」還是大腦主觀的評價，而這種評價會連帶引發自責、愧疚的情緒，或者指責別人的行為。我聽過有些人因為極度無法接受浪費，所以在用餐的尾聲會硬性將桌上剩餘的飯菜分配給每個人，要他們努力吃完，結果弄得大家壓力很大。

在肚子很撐的情況下硬是吃完剩下的飯菜，你會覺得身體很難受；倘若你選擇不吃完這些剩餘的菜餚，又會感覺到自責、過意不去。在這種情況底下，無論最後你是否吃完剩餘的飯菜，情緒都是不舒服的。

就連「煮太多」也常是情緒性的問題，與烹飪技術無關。雖然每一餐要精準拿捏分量不容易，但很多時候煮飯的人因為「擔心」吃不飽，在備料的時候會忍不住多買一些、多煮一些。（這種現象，是否也與你買消夜的時候很像呢？）

有人因為想要瘦身，雖然肚子很餓，卻嚴格規定自己只能吃一點點東西（而且都吃自己不喜歡的食物），於是，吃飯變成斤斤計較的苦差事。由於「餓得要死卻又不能吃東西」真的很難受，過不了多久，報復式進食就會像洪水般席捲而來。

像這樣，無論是點餐、吃飯、煮飯，我們都是依循大腦思考的慣性，而不是取決於當下實際的狀況。而類似這樣的狀況不僅局限於吃飯，還包括日常生活大大小小的行動。

每一次當你的注意力被大腦主宰時，就會產生複雜的情緒，本來該是放鬆享受的用餐體驗，不僅沒有被美食滋養，反而覺得很耗能。其實，當你刻意放慢用餐速度，專注在咀嚼的動作上，與家人聊一聊輕鬆的話題，自然會因為血糖與胰島素的變化而感覺到飽足感，並且停止進食的動作。因此你根本不需要用腦袋思考要吃多少東西，你只需要放慢速度，身體自然就會回應你最適當的答案。

長期過度用腦的傷害

假如我們經常讓大腦處在這種高度運轉、放任注意力毫無節制地分散在無數的事情上，長時間下來，對我們的身心都是有害的。

占據心的頻寬

以家用網路的頻寬來舉例。在一個家庭裡，假如有幾個人總是大量下載檔案，觀看高畫質的影音節目，就會占據大部分的頻寬，等你想要處理重要的工作、進行網路會議或線上課程時，使用起來就會卡卡頓頓的。

任由注意力飄散、讓思緒隨著意念四處紛飛，就像是讓各種雜訊占據心的頻寬，阻礙你專注在當下該專心處理的事情上。在這種情況下，你會感到心煩意亂，連帶降低對情緒的涵容程度；你會因此讓情緒更容易失控，做出錯誤的判斷。

在工作中，為了確保能夠精準回應成員的問題，我通常會請對方一次只問一個問題，等我回答完了，再提出下一個問題。塞車時，我會將注意力拉回到身體的感受上，避免因為心的煩躁而影響開車的情緒與判斷力。念書或寫作時，我會將所有干擾注意力的東西放在房間外面，讓心能夠全然投注在閱讀與書寫上。

這麼做的目的只有一個：**清空不需要的干擾，釋放心的頻寬**。

身心分離

無論是肚子感到飢餓或飽足、肌肉緊繃或放鬆、覺得疲憊或想睡，身體都會釋放出各種訊息，提醒我們做出相對應的行動。倘若當下能夠細細傾聽身體的訊息，並且適時適度滿足身體的需求，身心就能處在高度一致的狀態，有助維持健康。

那麼，假如身心分離、各自為政，又會是什麼情形呢？

好比說：長期忽略飢餓的感受；因為各種理由攝取超出身體能負荷的食物；缺乏適當的情緒出口而濫用藥物；眼睛明明累了卻還是繼續滑手機……，長時間下來，身體當然不堪負荷。

還有另一種身心分離的狀況：當一個人在成長過程中遭受某些創傷的對待，身體因而牢牢記得不安全、恐懼的感受，長大以後雖然不再遇到傷害自己的人，但只要有一點點刺激（甚至是無害的刺激），身體依舊會做出面對危險的慣性反應（例如躲起來、逃跑、情緒失控）。這種小時候原本用來保護自己的反應，長大後卻可能讓自己無法建立起親密關係，妨礙工作與生活。在這種情況下，身體因為創傷經驗過度反應，心卻失去提醒或安撫的作用。

假使我們能夠適時覺察到今非昔比，並且試著這樣安撫自己：「親愛的，沒事的。你已經長大了，不會再遇到以前那些危險。」「你可以放鬆一點，真的沒事的。」你就有機會緩和過度驚恐的反應，適時安撫內在的情緒，從焦慮與恐懼當中走出來。

第6章

比較的負面效應

我們感受不到幸福，是因為我們追求的不是幸福，而是「比別人幸福」。[3]

陳家老父親早早就將名下僅有的兩塊土地分別贈與兩個兒子。老大分到村子裡的精華地段，他在這塊地上蓋房子自住。母親過世以後，就把長年生病的父親帶來照顧，直到父親過世。老二分到了村子外圍荒廢許久的農地，農地上有一間年久失修的小房子，他長年在國外工作，沒時間回來整理，任由雜草叢生。兄弟二人對父親的安排都沒有意見，彼此保持密切的聯繫，感情也挺融洽，直到有一些聲音傳到兩人耳中。

「你哥哥分到的地段很值錢，他照顧父親不過幾年而已，該付給他的勞務費用

3 引自《滿足：與其追尋幸福，不如學習如何知足》（*Zufriedenheit: Wie Man Sie Erreicht und Warum Sie Lohnender Ist Als Das Flüchtige Glück*），克莉絲蒂娜．伯恩特（Christina Berndt）著。

沒有那麼多吧？」「你弟這麼會賺錢，又不住國內，你這麼孝順父親，怎麼沒有兩塊地都分給你？」「你知道你父親給你弟弟多少錢去國外念書嗎？」隨著種種耳語出現，兩兄弟開始對彼此有一些負面情緒，互動變少了，距離也越來越疏離。

有一次，兩人在整理父親遺物時，無意間發現一疊厚厚的信紙，上頭盡是父親對去世多年的母親的想念。其中一張泛黃的信紙上，父親工整而優雅的字體寫著：

親愛的，我也來到分家產的階段，這是不是也代表著我又離你更近了一些呢？我們家老大敦厚老實，我想給他市區的地，讓他不用費心生計，能好好生活。老二很有想法，這幾年已闖出一番事業。耕地分給他，未來想怎麼用就怎麼用。老婆，你還記得農地上那一間小房子嗎？那是咱的起家厝，這些年陸續有人向我開價，我都忍著沒賣。那裡有好多你陪伴我們的回憶，我怎麼捨得賣？希望這個長年在外辛苦奔波的孩子回家時，還能感受到我們對他的愛。

老婆，我的智慧遠不及你，不管如何分配都覺得不夠公平，好希望你還在我身邊，教教我怎麼做。

讀完那一封信，兄弟二人在父親的房間敞開心房，聊了好多。

後來，哥哥主動花了一番工夫將耕地上的小房子整理乾淨，讓弟弟回國時有一個舒服的地方可以休息，弟弟則自願將耕地讓給哥哥做其他運用。

「比較」像是一把利刃

我們都不喜歡被別人比較，卻又經常拿自己去做比較。有時候是跟別人比，有時候是與自己心中某種理想的目標比。無論與誰比較，你都註定是輸家。因為**只要有比較，就註定會有失去，也會有人受傷**。

- 當你努力的成果被拿去與別人比較時，就失去了學習的熱情。
- 當你經常被別人拿去跟別人比較時，就會逐漸失去自我價值。
- 當你拿自己與更高收入的人比較時，你就喪失對現階段生活的滿足。
- 當你拿自己與某個人的特質比較時，你就失去了欣賞自己的能力。
- 當你拿現在與過去或未來做比較時，就失去了活在當下的專注力。

無論哪一種比較，都會讓你覺得「別人」或「外在」是美好的，相較之下，也覺得「自己」或「當下」不夠好。這種感覺當然是主觀的、不等於實際的情況，是因著你選擇關注的焦點使然。

除此之外，這些比較都會給人帶來挫折感，進而引發內在深層的自卑，覺得自己不好、不如人。這也是為什麼當我們被父母、伴侶或親密的朋友拿去與別人做比較時，很容易理智線斷裂，感到既生氣又受傷。即使你根本無從得知，被拿來與你比較的那些傢伙是不是真的這麼「優秀」，但這不是你在意的重點，重點是你的價值被否定了，而且否定你的還是你最親密、最渴望從他們身上獲得肯定的人，你怎麼會不受傷呢？

就算是那些被我們拿來跟自己作比較的對象，你也不見得真的了解他。你往往只是選擇性地關注想關注的那一面，卻沒有看見他在其他面向上也有辛苦與無能為力的地方。而在這些面向上，或許你其實比他幸福或自在許多。

所以我常開玩笑說，你想破壞誰與某人的關係嗎？想要瓦解一個人的自信心嗎？最輕鬆且不費力的方式，就是隨時隨地拿他與別人做比較。即使你只是隨意憑空杜撰幾個根本不存在的優秀人物，都能有效讓對方感到受傷（假如你愛對方，請千萬別這麼做）。

越是用力，就越無力

讓我們來破解一個迷思：**透過比較，是否真的能夠讓一個人奮發圖強？**

雖然，「見賢思齊」的念頭或許會讓你激發一些改變的動力，好比說：看見別人輕輕鬆鬆穿上修身又美麗的洋裝，會讓你果決地扔掉冰箱裡心心念念的千層蛋糕；見到別人風光上台領獎，會讓你想要每天多花一個小時在書桌前念書；看到朋友在ＩＧ動態上分享新入手的豪華進口房車時，會提醒自己要更努力工作與鑽研投資。

聽起來，「跟別人比較」好像真的會讓自己長出前進的動力，不過這種行為同時也夾帶著一股極為強大（卻不容易被覺察）的負面效應：你關注的不只是他人亮麗的樣貌，也見到自己不如他人的那一面。每一次與人比較，就會讓你感受到自己的不堪。為了擺脫這種不如人的感覺，你將會不停地與他人做比較。每當你超越了一個人，就必須再找到另一個要比較的對象、並且努力地超越他，這是一個難以停下來的循環。

假使不跟人比較，你根本無法找到自己的價值。而**你在這種不斷與他人比較與超越別人的過程中，需要付出的代價就是：你會越來越不喜歡自己，與自己變得更疏離。因為你的焦點永遠關注在別人，而不是自己身上。**

只要你將焦點放在他人身上，就有比較不完的對象。你會把生活過得像是追逐自己的影子，無論白天還是黑夜，你用力追逐著自己的影子到處跑。無論跑得多麼用力，影子永遠都在你看得到卻觸及不到的地方。你的生命感受不到滿足，而是沒有盡頭的疲憊與無力。

有些人終其一生活在充滿比較的生活裡，一輩子不曾將焦點好好放在自己身上，當然也不曾為自己而活。許多人從小就活在大人的各種比較當中，孩子很單純，總以為讓父母親滿意才等於孝順，才能獲得父母的認同與疼愛，贏了別人，就等於是一個有價值的人；輸給別人，就覺得自己什麼都不是。所以慢慢地，他們的「自己」不見了。

從短期的效果來說，當我們感覺到自己不如人時，內在的確會產生一些動力想要來彌補這種匱乏感。可是當一個人長時間處在沒有價值感、覺得自己沒有用、不管做什麼都被否定的環境底下，他將會失去希望感，失去行動的勇氣與力量。

想要停止這種循環，必須把焦點從他人身上移開，不是想著「我想超越誰」，而是學習思考什麼生活是自己真正想要的，將一直以來努力追逐他人的力氣用來鼓勵自己走向想要前往的地方。

找回欣賞與珍惜的能力

故事中的那一位弟弟，其實是我的大學好友。

他說，無論父親多麼用心，都不能否定兩兄弟分到的土地市值的確差異極大，當然你也可以繼續追究父親為何不妥善投資、變賣農地去買更保值的地段。不過，他說兩人讀完父親的信之後之所以能夠修復關係，是因為他們都發現了「比較」這件事，如何讓他們忽視了父親的愛與用心，也破壞了兄弟倆原本融洽的情感。

其實，這世界本來就沒有所謂的公平。我們出生在不同的家庭環境，擁有不同的特質與能力、不同的喜好與興趣、不同的外表與氣質，所以差異是必然的。我們應該在差異中找到自己，而不是失去自己。

在不公平的環境底下，「比較」是一件沒有實質意義的事情。我們根本不需要比較，因為我們不需要成為某一個誰。

我曾遇過許多成年人（當中不乏事業有成的人），因為長年被比較的關係，他們經常不知道自己是誰，找不到存在的價值，遍尋不著活著的意義。

假如你從小就遭受許多被比較的壓力，相信你肯定不太好受，有時候甚至覺得自己是一個沒有價值、總是讓大人失望的孩子。可是我想要跟你說：假如大人懂得欣賞你，他們絕對不會拿你去和別人做比較。因為你是如此獨一無二的個體，你有你的溫柔，也有你的固執；你有你的善良，也有你的小聰明；你有你擅長的，當然也會有你做不到的。這就是你本來的樣子。

所以請你一定要時時提醒自己：**你就是你，無關乎好或不好，也不需要誰來襯托。你不需要用誰的標準來衡量自己，而是如實地接納最真實的自己。**

- 我的成績、收入或許不及某一個大家認為「厲害」的人，但這就是我。
- 我的性格、嗜好或許與大家認為的「優秀」不同，但這就是我。
- 我的穿搭、眼光或許與大家認為的「潮流」不同，但這就是我。
- 我的性格或許與大家認為的「落落大方」不同，但依舊還是我。

你不需要費力改造自己、讓自己變成別人期待的樣子，而是要學習欣賞自己、如實接納自己本來的樣子，並且帶著天生的能力與特質，努力探尋並經營適合自己的生活。

第7章 壓力需要適當的出口

剛開始從事心理諮商時，凡是遇到與焦慮、憂鬱相關症狀的來談者時，我都會習慣性地先問對方：「你最近壓力大嗎？」得到的答案出乎我預料，大多數人是回答「不會啊」、「還好吧」、「沒什麼感覺」。我很難將他們的回應與明顯疲憊不堪、缺乏活力的外表連結起來。

當時我總覺得：嗯！他們正處在抗拒與防衛的狀態，還沒有準備好要敞開心胸討論他們內在的壓力。

壓力會引發各種身心症狀

不過後來我才發現，有些人不一定是防衛或抗拒，也可能是因為**他們根本沒有覺察到自己處在壓力當中。**

人怎麼會連自己有沒有壓力都不知道呢？

別懷疑，這是非常有可能的。壓力大多會直接反應在生理反應與身體感受上，假如我們平常不太習慣留意身體的感受，很可能會忽略掉身體傳來的種種訊息，並且自我催眠說：「壓力？我活得好好的，哪有什麼壓力？」

你不去留意的事情不代表不存在，特別是長時間累積的壓力會引發許許多多身心症狀。請你勾選一下自己近期是否有這些現象：

□無論做什麼事情，都覺得意興闌珊、缺乏動力。
□健忘、注意力不集中，容易出錯。
□經常覺得頭痛、頭暈。
□對什麼事情都看不順眼，容易生氣。
□經常無故感到情緒憂鬱、低落。
□即使睡了很久，依舊沒有精神飽滿的感覺。
□難以入睡，多夢而且淺眠。
□肩膀僵硬，容易感到腰酸背痛。
□大大小小的感冒接連不斷，而且不容易痊癒。
□經常便祕或腹瀉，卻找不到生理原因。

假如你符合其中幾項，就代表壓力已經對你的身心造成某些影響。勾選的項目越多，也意味著壓力影響你的程度越大。倘若你沒有覺察到這些症狀，當然就不會特地調整生活的方式。

影響壓力強度與持續時間的關鍵因素

事件本身的確會引發壓力的情緒，但我在實務工作中發現，同一件事情不盡然對所有人都造成相同程度的壓力。原因有幾個：

一、事件本身能否被我們預測？

無法被預測的壓力事件，經常會帶給人們不舒服的感受。好比說：當你在接受一個難受的療程時，我們通常比較希望聽到醫生篤定地說：「好，再來處理兩次就沒問題了。」而不是看到醫生皺眉頭、嘆氣道：「你先觀察看看吧，還要再處理幾次不太一定。」

當你在準備一場重要的會議時，你會希望主管先知會你當天要討論的重點，而不是笑笑地告訴你「當天就知道了」；準備一場重要的餐會時，你會想要先掌握賓客人數與喜好，而不是等到當天才手忙腳亂地準備。

請記得：人們雖然喜歡驚喜，但不喜歡驚嚇。因此，一件事情到底會引發當事人多大的壓力反應，「能否預知」是一個重要的指標。人們處在未知的焦慮下，往往會想要把事情弄清楚。

有一種現象在遭受暴力、虐待的孩子身上很常見：假如大人經常喜怒無常，毫無來由地拿孩子出氣，甚至虐待孩子，孩子會因為找不到大人暴怒的線索與原因而感到相當焦慮與無助。為了減少莫名其妙挨揍的無力感，有些孩子會刻意（但他們對此行為通常沒有覺察）搗蛋、搞破壞，讓大人生氣並處罰他。沒有一個孩子喜歡被處罰，但至少眼前處罰來得有憑有據，而且是可以被預測的。

看懂這個邏輯了嗎？與其莫名其妙挨揍，倒不如先惹怒對方，這樣就知道對方什麼時候會出拳頭。

二、我們相信自己的能力嗎？

在一場公司內部的重要會議上，一個經驗豐富的主管，很可能在會議上發言時瑟瑟發抖；一個剛進公司的年輕菜鳥，也可能在被點名時落落大方談一個他不太熟悉的題目（儘管多數同仁覺得他根本離題了）。那麼，決定這兩人緊張與否的關鍵原因是什麼？相信有些人會回答「神經有多大條」或「臉皮有多厚」。

其實更精確的答案其實是：**個人相不相信自己有能力應付眼前的挑戰**。在心理學中，這個概念稱之為「自我效能」，也就是個人主觀覺得自己有能力應付某件事情的信念。

倘若一個人面對某件事情的能力很不錯，卻總是對自己抱持低自我效能，即便是面對有把握的情境，也可能因為壓力過大使得表現大打折扣。此時他卻又誤認為是自己能力不好，所以下次遇到同樣的狀況，肯定因為缺乏信心而感到壓力山大。

三、對未來抱持何種預期？

複習一下前面提到的：「**光是用想像的，就能產生彷彿親身經歷的壓力反應。**」縱使你的業績經常是全公司之冠，傑出的表現總是令人讚賞，可是你對未來經常抱持災難化的想像，覺得事情一定會出錯，結果總是會令人喪氣，光是用想的就足以令你不想出門，甚至食不下嚥、夜不成眠。

相對地，就算你剛到一個新的單位，難免會對陌生的環境與業務感到壓力，但因為你抱持的觀點是「出錯是難免的，我願意努力學習，相信出錯的機率會越來越低，也會對工作更上手」，那麼每一天上班，對你就是一種學習，而不是折磨。你會有適度的壓力，但這股壓力將會是陪伴你成長的正向力量。

如此看來，一件事情帶給他人的壓力程度，除了事件本身之外，還包括了個人解讀事情、環境與自己的觀點。

為壓力找一個出口

長期累積的壓力是引發胃潰瘍的主要因素之一。

當你長時間處在緊繃、難以放鬆的情況下，壓力所引發生的生理反應會讓胃的環境產生變化，原本足以抵抗胃酸的胃壁逐漸遭受強酸的侵蝕。但是你知道嗎？胃潰瘍並不是人類的專利。

雖然你不曾聽到狗狗、猴子或老鼠得胃潰瘍（或許是因為牠們沒有健保卡，或者不知道如何去診所掛號），但科學家發現，長時間的壓力的確也會促發其他生物的胃潰瘍反應。接下來科學家假設：假如壓力會促進胃潰瘍的形成，倘若幫壓力找到出口，是不是就能避免（或減緩）胃潰瘍的形成？

科學家如何引導動物們紓解壓力呢？

首先是老鼠。科學家將老鼠分成兩群，並且創造相同的壓力情境（像是突然閃爍的刺眼光線、巨大嚇人的噪音）。其中一群老鼠在驚嚇之餘，只能無助地愣在原地發抖；另一群老鼠在驚嚇之餘，可以到一旁科學家所提供的滾輪上用力跑步。你猜，哪一群老鼠胃潰瘍的反應比較不明顯？

答案是：有事情可以做的那一群。

當滾輪組的老鼠感覺到有壓力時，至少還有一件不討厭的事情可以轉移注意力、抒發情緒，光是這麼簡單的一個設計，就能大大降低受驚之後的壓力程度。

接著是小猴子。當小猴子受到驚嚇、覺得孤單或害怕的時候，假如猴子媽媽能夠適時出現，溫柔地抱抱小猴子，為孩子梳理毛髮，小猴子血液裡的壓力激素濃度就會比另一群苦等不到母親來關愛的小猴子還要低。

最有趣的莫過於對於猩猩的行為觀察。

在《壓力》（*Why Zebras Don't Get Ulcers*）一書中曾提到，猩猩是群居性動物，它們擁有類似人類複雜的社會階層，當群體裡的公猩猩在角逐王位失敗後，滿懷挫折與壓力的他會去揍另一隻位階相對較低的公猩猩，這隻公猩猩遭受攻擊以後，帶著滿腹委屈轉而去找其他母猩猩麻煩，然後母猩猩再去揍別人家的孩子，被欺負的小猩猩又去賞嬰兒猩猩巴掌……。這種類似於人類社會中的霸凌行為，當然……也有助於降低猩猩內在的壓力強度。

這樣看起來，無論是老鼠跑滾輪、小猴子被母親溫柔呵護、猩猩欺負另一個倒楣鬼的行為，其實都是在為內在的壓力找一個出口，以緩和壓力所引發的負面情緒或難受的生理反應。

那麼，焦點該回到你身上了：

- 你可以覺察到自己何時有壓力嗎？當壓力來臨時，通常會反映在哪些身心狀態上？
- 你有為自己紓壓的策略嗎？你的紓壓策略簡單易行嗎？你有持續執行這些紓壓的行動嗎？
- 你的紓壓策略一直都能奏效嗎？還是隨著時間逐漸失去效果？又或者短期有效，長期卻對你的身心造成更大的負擔？

總而言之，想要擁有健康的身心狀態，你必須為自己打造一套有效的紓壓策略，別讓負面情緒與壓力長時間累積在心裡。然後也請記得：千萬不要因為自己不想要得到胃潰瘍，就害別人得潰瘍。

PART

2

安頓情緒

刻意放鬆，是願意傾聽情緒捎來的訊息。
情緒是一封來自內心的信箋，
裡面敘說著許多你在意的大小事。
倘若你願意敞開心房，友善地迎接它、閱讀它，
就有機會聽見內在的聲音，
並且滿足自己的需求，進而安頓情緒。

第8章 自我覺察，是啟動放鬆的關鍵

「作夢」與「醒著」的差別是什麼？

帶領情緒管理與紓壓的課程時，我經常問學員這問題。學員們的答案五花八門。有人認為差別在於躺著或站著、眼睛睜開或閉上（好像也沒錯），有人認為差別在於腦波不同（的確是），也有人認為差別在於「醒著的時候有覺察，作夢時則沒有覺察」。

哇！這個答案很有意思，值得我們多談一談。

醒著，卻未必清醒

做夢的確不同於醒著，畢竟在夢境的世界裡有無限可能，但現實生活卻連瞬間移動都辦不到。也因為這樣，當我們認為對方的想法或行動不切實際、缺乏邏輯時，就會看著對方說：「哈囉，你是在作夢嗎？」

可是當我們醒著的時候，真的有保持「清醒」嗎？
請你想想看：

- 是否曾經在咆哮、摔東西、奪門而出之後，才猛然回過神來，不清楚自己剛剛為何如此憤怒？
- 是否在狼吞虎嚥完整桌甜點零食之後，才驚覺到怎麼「又」失控了？
- 他人是否經常因為你的言行生氣、難過，而你卻渾然未覺自己說話的方式其實很傷人？
- 你的衣櫥與鞋櫃裡有多少衣服和鞋子只穿過一次，就再也沒有派上用場？有多少東西是你一開始覺得非買不可、入手後沒多久卻成了占空間的障礙物？那麼，當初又為什麼會買這些東西呢？

前述這些行為都有一個共通點：缺乏覺察。

缺乏自我覺察的人，時常不清楚情緒從何而來，無法採取穩定的思緒與情緒回應眼前的情境。他們總是被情緒或慣性綁架，導致無意間做出失控的決策、破壞生活失序，也害自己時常陷在各種後悔與自責當中。

假如你發現自己經常陷在這種「失控——後悔、自責」的負向循環中，真的需要好好地練習自我覺察。

覺察是不帶評價的觀察

什麼是自我覺察（self-awareness）？

自我覺察＝不帶評價、如實地觀察自己內外在的各種狀態

假設有A、B兩個人，A一旦生氣起來二話不說便對他人惡言相向，甚至掄起拳頭就要揍人、摔東西，他對自己的衝動毫無覺察，也不清楚自己的行為或語言會對他人造成哪些傷害。B生氣時也覺得很不舒服，但他能感受到自己正在負面情緒中，能夠試著提醒自己放慢腳步，採取更適當的表達方式。這兩個人雖然都感受到憤怒的情緒，但他們對於情緒的掌握、該如何做出反應的心理歷程卻截然不同。

A經常迷失在自己的情緒中，他的行為舉止是情緒化且不經過思考的反射動作。他甚至不清楚自己為何當下如此衝動、為何會丟掉工作，所以經常處在抱怨、自責或後悔的情緒當中。

相較之下，B能夠與自己的情緒拉出一段距離，觀看自己當下的狀態，也因此比較能保持清楚的思緒與穩定的情緒。雖然有時他也會用比較直接的語氣與對方溝通，甚至表達拒絕，但那是經過思考後的決定。即使後來因而失去某一段關係或工作，也不至於感到後悔。

長期來看，你覺得哪一個人的生活品質會比較好？假如主管正在考量職位升遷，你認為哪一個人會是主管優先考量的人選？你身邊有哪些人屬於A類型？有哪些人屬於B類型？而你自己又是屬於哪一類呢？

一個對自己保持客觀覺察的人，比較能清楚「知道」自己身處何方、「知道」自己此刻身體或情緒的反應、「知道」自己正在做什麼、「知道」自己的行為對自己與他人帶來的影響……，這些對自己的「知道」，就是自我覺察。

我很喜歡這樣形容「自我覺察」：想像有一個貼身的攝影鏡頭跟隨著自己，你可以透過這個鏡頭**客觀**地觀察自己的身體感受、情緒、需求及想法。甚至，你還能觀察到因為身體感受、情緒、想法而再次衍生出來的感受、情緒與想法……。

你也可以想像自己站在一條車水馬龍的路邊，內在的想法或情緒，就像是從你眼前行駛而過的車子。每一部車子的顏色、大小、行駛速度都不一樣，而你只是穩穩地站在原地觀察，並告訴自己「好，我看見這輛車子了」、「我知道這輛車子正通過我眼前」就好了，無須跳上任何一輛車，別任由它將你載離原地。

記得，你所要做的只是如實地觀察，不要急著對任一個想法、感受、情緒貼上應該與否、好壞或對錯的標籤，也就是「**不帶評價地、如實地觀察自己的各種狀態**」。

隨時隨地練習自我覺察

我發現有許多人不太能夠與自己連結，換句話說就是我們「跟自己並不熟」。縱使我們的腦袋擅長分析利弊得失，卻未必能清楚辨識自己內在真實的想法、感受、渴望，也不清楚當下浮現的情緒究竟想要傳遞哪些訊息。當然，也不知道該如何安頓自己的情緒。

好消息是，自我覺察可以讓這一切產生大大的不同，而且只要你願意，隨時隨地都能鍛鍊覺察的能力，讓這個能力變得更純熟、更精進。

現在，讓我們用最放鬆的步調，藉由覺察練習來靠近自己的感受與想法吧。

一、覺察自己的身體感受

像是一個友善的旁觀者，如實地觀察自己的身體反應，先別分析原因，也別評價這些感受的好壞或對錯。請你先深呼吸，用你的眼睛閱讀以下的文字，然後用身體來感受文字所提到的部位：

- 此刻你的雙腳是穩穩踩在地板，或是不自覺蹺腳、抖腳呢？
- 此刻的你若是站著，感受一下你的站姿是平衡的，或是傾斜的？
- 此刻的你若是坐著，感受一下屁股與椅墊接觸的感覺。感受一下，此刻你的骨盆是平衡的，或是傾斜的？
- 此刻你的肚子是飢餓、飽足的，或者有哪些感受？
- 此刻你的背部是放鬆的，或是僵硬的？
- 此刻你的肩膀是緊繃的，或是放鬆的？
- 此刻你的脖子是挺直的、往後仰的，或是如烏龜那般往前探？
- 此刻你的口腔是乾燥的，或是溼潤的？有口水等待吞嚥嗎？
- 此刻你的嘴角是緊繃的，或是鬆開的？
- 此刻你有憋氣嗎？還有記得繼續呼吸嗎？
- 此刻你的呼吸是深層而緩慢的，或是淺短且急促的呢？

請你感受一下，在這些練習當中，哪些部位的感覺最明顯、最容易感覺得到？哪些部位對你比較陌生、難以感受到呢？

有些部位或許很容易感受得到，有些部位明明也是我們身體的一部分，卻覺得無比陌生。我們經常是在沒有覺察的情況下，用不適當的方式對待自己的身體，長時間下來，就可能造成各種傷害或疾病。

假如你剛剛有跟隨這些文字細細地覺察自己的身體感受，是否會不自主地跟著稍微動一下相對應的部位，讓自己回復到比較放鬆的狀態？**只要你開始啟動對自己的覺察，就有機會調整姿勢、調整生活的方式。**

二、觀察自己的想法／念頭

我們的腦袋是一部性能卓越的思緒製造機，無論你是不是刻意的，總是能夠迅速且大量地產出各種想法。任何一個想法都會引發另一個想法，這些想法可能跟過去的經驗有關，彼此之間也可能毫無邏輯可言。

需要創意的時候，這種念念相逐的現象或許能為你帶來許多發想，但若你需要專注且深入的思考，或者需要靜下心來好好睡一覺，就會讓你感到頭痛萬分。

沒有人能夠隨心所欲指使自己的大腦：「喂！夠了，不要再想了！」但你可以如同覺察身體感受那樣，遵循「不帶評價的覺察」原則。

你可以想像自己坐在一片綠油油的草地上，頭頂上蔚藍的天空是你心靈的樣貌，而腦袋裡浮現的畫面，就像是一朵朵飄過的白雲。假如你單純地覺察它們正掠過眼前，然後繼續專注當下正在做的事，好比說深呼吸、喝水、走路……你會發現，這些雲朵雖然總是不請自來，但它們通常也會自己飄走。

請記得：**思考、分析、評價，會讓大腦繼續衍生出更多想法。你不需要花力氣去否認或壓抑這些念頭，而是藉由觀察，「知道並接納」有哪些想法正浮現上來，光是這樣的練習，就可以讓紛紛擾擾的想法逐漸沉澱。**

對於腦袋浮現的想法保持著了了分明，但如如不動的態度。

藉由覺察，讓生活過得更自在

自我覺察不等於改變，但是沒有覺察往往就很難有所改變。自我覺察為你帶來掌控感。缺乏自我覺察，我們經常會受情緒化驅使而採取最熟悉的行動。這些方式很可能在過去是有效的，卻未必適用在此時此刻。一旦你的生活充滿了慣性，就會逐漸失去彈性。自我覺察讓你有機會停下腳步檢視：此刻自己的內在發生了什麼事？自己真正需要的是什麼？採取哪些行動才能幫助自己達到目的？

有時候你會發現：經過自我覺察之後所做的決定，表面上看起來或許跟過去的行動一樣，好比說還是答應了對方的請求；還是選擇不跟某人互動；依舊決定獨自待在家裡……，但這是經過你思考後帶著覺知所做的決定。無論結果如何，這都是你主動為自己做的選擇，所以你不會過度自責、後悔。

自我覺察讓你開始學習為自己負責。缺乏自我覺察，我們總是習慣把情緒往外扔，認為是別人的責任，並且期待別人來為我們的情緒負責。自我覺察幫助我們理解情緒被觸發的原因，了解自己真正的渴望，我們可以調整長久以來解讀訊息的觀點，也可以調整內在的期待，以及回應外界的方式。

即使所處的環境難以改變，但我們卻已經透過調整自己，主動改變了與外在環境的關係。

第9章

正向思考三元素

前來尋求心理諮商的人，大多在生活中遭遇了許多不順心的事。他們在來到諮商室之前，通常也有求助身旁親友的經驗。然而在尋求協助或支持的過程中，最令他們感到受傷、無助的語言不外乎三大類：「不要想就沒事了」、「往好處想就好了」、「不要經常讓自己心情不好」。

對於正向思考的誤解

為何這些看似「正向」的語言不具有支持或鼓勵的效果？原因是：

你無法強迫腦袋不去想某一件事

當你告訴自己不要掛心某件事情的同時，你就正在提醒自己這件事。就像一個在關係中被背叛而受傷的人，每天都「提醒」自己要「忘記」傷害他的人，你覺得他真的忘得了對方嗎？此外，當你用力要求自己忽略某件事情時，你的大腦也必須耗費一部分能量來提醒自己執行這件事，結果反而讓自己更無法集中心力在當下的生活或工作。因此，那些你強迫自己不去想的事情，其實更容易影響你的情緒與生活（在第十一章會更清楚說明這部分）。

有些事情真的想不到好處

當人們遭逢親友過世、多年來辛苦累積的財產被詐騙一空，甚至得知自己罹患重病或因意外失去身體某個部位時，那種衝擊與痛苦往往是難以令人承受的，在這種情況下，真的很難往任何好處思考。而且如果硬要將眼前的困境解讀成好的，某種程度也算是用力扭曲、否認事實。這種「鼓勵」聽在受苦的人耳裡，就像缺乏同理心的風涼話。

你所經歷的傷痛，沒有誰有權力要你往好處想；但同樣的，假如你不願意放下，也沒有人能夠幫得了你。

反覆浮現的負面情緒，往往傳遞著重要訊息

或許是因為某些聲音沒有被聽見、某些需求沒有被滿足，所以這些負面情緒才會重複出現。與其忽視或否認，倒不如試著去了解這些情緒到底想要告訴我們什麼

事情？好比說：覺得自己總是被忽視，所以覺得不安全；總是覺得不被認同，因為挫折而引發生氣；覺得自己經常被誤解，所以感覺到委屈。當我們聽懂情緒想要傳遞的訊息，學會照顧自己，這些看似負面的情緒就不會這麼常出現了。

不過，我當然不是要否定正向思考的好處，畢竟我們解讀事情的觀點會直接影響我們的情緒與行動。假如每一件事情都只關注在負面的、黑暗的面向上，你的心情就會像烏雲籠罩的天空，沒有任何縫隙允許陽光照進來。

那麼，可以為我們帶來正能量又能夠覺得被同理、被滋養（而不是被敷衍）的正向思考，到底該怎麼練習呢？

你比自己所想的還要有抗壓性

為了幫助你找出潛藏在你內在的「正向力量」，我要邀請你體驗一個活動：

第一步：請你準備一張A4大小的空白紙，然後折成九宮格。在接下來的幾天當中，當你遇見年紀相仿的同事或朋友時，請你訪問他「在最近的生活中，讓你覺得有壓力的一件事」，然後把這件事情寫在其中一格。

訪問完九個人、收集滿答案後，雖然天空不會出現讓你許願的神龍或精靈，但是，接下來的步驟可以幫助你找出放鬆的重要祕訣。

第二步：請你從這九個答案中，圈出「你也會覺得有壓力的事件」。這意味著，**同樣的事件無論是誰遇到，都會感到有壓力**，這跟你能力好不好、抗壓性高不高或許沒有太大相關。如果你因為這樣批評自己，對自己並不公平。有些事情會為人們帶來壓力是**普遍**的現象，強度通常也適中，例如：考試、上台報告、剛學開車……，但是當你批評自己、質疑自己時，卻會讓壓力變得更大、持續更久。

第三步：請你從這九個答案中，圈出「你也曾經歷過，但不太有明顯壓力的事件」。重點來囉！為什麼有些事件你也曾經歷過，但對你而言卻不會感覺到有壓力（或者只感覺到程度適中的壓力）呢？有沒有可能，其實你早已掌握某些「正向思考」的精髓，只是自己從未發現？

接下來，我們就來認識正向思考的核心精神。

掌握正向思考的核心三元素

正向思考的核心精神是「直球對決」：正視問題，不逃避、不扭曲、不否認，**同時幫助你拓展觀點，以更寬宏的視野看見本來就存在的正向因子**。這麼一來，我們就不會被困在狹隘的解讀當中，也能用更友善的態度來鼓勵自己與他人。

元素一：重視正向例外的經驗

正向思考的態度是：**問題有出現的時候，也有沒出現的時候。**

我們不是只能在問題本身打轉，也可以透由探討「問題什麼時候沒有出現？」試著找出方法，讓問題沒有出現的時間延長。例如：處理孩子偷竊行為時，我通常會探究「孩子什麼時候沒有偷東西？」，並且試著讓沒有偷東西的行為增加，間接減少偷竊的頻率。

當你在工作上出了些差錯而被責備時，可能會陷入無止盡的自責、羞愧，這時候請你記得提醒自己：「我這次的確有地方疏失了，需要改進，不過我並不是每次都出錯，大部分時間我都做得挺好的。」這樣才能幫助你從負面情緒的深淵中脫困，重新回歸比較平穩的狀態。

接著，我們可以問問自己：之前為什麼沒有出錯？我是怎麼辦到的？這部分就關乎正向思考的第二個元素。

元素二：重視行動帶來的回饋

成功或失敗，只是依據某些標準而得來的結果，但不代表事情的全貌。假使一個人只憑藉成功或失敗來衡量每一件事情，得到的結果也只是單薄的二元論。然而，每一次的行動無論結果如何，你都可以從當中獲得很重要的回饋：這次做了什麼，讓事情變得更理想？下次如果少做什麼，可以讓結果變得更好？

好比說，與其將「吵架」視為這一次溝通「失敗」，倒不如從中觀察你的哪些回應踩到對方的地雷，往後與對方互動，就能有意識地避免同樣的回應；與其批評自己廚藝很爛，不如觀察烹飪過程有哪些環節出狀況，並且找出調整的方式。

就像偉大的發明家愛迪生曾經說過的：「我從不覺得自己失敗，事實上，我發現了無數個無法通往成功的方法。」我有一位認識的國中生則說：「我沒有失敗，我只是還在尋找答案的路上。」

具備這種觀點的人，無論行動的結果如何，都能夠持續從過程中獲得成長。

元素三：重視在過程中的投入

「結果」通常一翻兩瞪眼，但「過程」卻蘊含許多珍貴的寶藏。

有一次我到地方法院對保護管束青少年演講，騎車途中看到兩個全身布滿刺青的青少年，一位蹲在路上幫跌倒的老太太撿拾掉落滿地的水果，另一位則負責指揮車輛避開。演講開始十五分鐘後，有兩個人滿頭大汗衝進教室，我定睛一看，正是方才在路邊幫助老婆婆的青少年。

從結果來看，這兩位老兄居然敢在保護管束報到當天遲到，這是法院很不樂見的現象；但若從過程來看，這兩人願意冒著遲到的風險，主動在車水馬龍的路口停下腳步，出手幫助一位陌生的老太太，這不就是我們最期待孩子表現的行為嗎？

我們成長的環境已經充斥著太多評價，就連我們也習慣用各種標準來衡量自己。但是，人的價值不該只是建立在行為的結果上，還包括你在行動過程中投入的努力、善意、堅持、勇氣……，都是很值得被肯定的。

當天結束課程離開法院之前，我特地帶著這兩位青少年去向保護官敘說我所看到的過程，兩個大男孩瞪大了眼睛，不太相信有人願意幫他們說話。面對我和保護官的肯定，原本叛逆的臉頰突然紅了起來，吊兒郎當的站姿也顯得有些不知所措。顯然，他們並不習慣正向的肯定。

或許，我們停止不了環境對我們的評價，但在你的心裡記得要保留一塊空間，時時提醒自己：**我們的價值，不全然取決於我們的表現結果，還包括自己一直以來的努力、堅持、勇氣、善意。**

正視問題，但不要被問題困住

傳統觀點重視行動的結果，**正向思考重視行動的過程**；傳統觀點經常局限在

「結果」的單一視角，而**正向思考則是拓展看待事情的觀點：看見結果之外的各種風景。**

不是每一次的努力都能成功，但每一次的努力一定都能有所成長；成功固然迷人，但成長更是重要！

所以我們不需要去否定或扭曲解讀已經發生的事情，但我們可以提醒自己：問題並不總是發生，有時候或許無法直接消滅問題，但我們可以透過降低問題發生的頻率進而改善狀況；再來，我們可以從每一次的行動中收集重要的回饋，提醒自己「無效的就少做，有效的就多做」；最後，我們不再只是用結果來評價自己，也能欣賞自己在過程中的投入。慢慢地，我們就能自在地正視並接納問題的確存在，也能長出處理問題的自信。

第10章 STOP情緒緩和術

剛考上明星高中的女孩，與父母親為了是否繼續補習的事情吵了好一陣子。

女孩認為自己既然能夠考上第一志願，代表自有一套有效的讀書策略，不需要再被別人逼迫念書，希望可以獲得更多自由。父母則是擔心孩子不補習會落後進度，課業成績會因為懈怠而退步。於是雙方僵持不下。

某次又為了此事爭吵時，母親大罵了女孩一句：「別人家的孩子想去補習還不一定有錢，你從小要什麼，我們就給你什麼，如果你還不懂感恩，那麼不聽話，乾脆給我滾出去！」

女孩聽了之後果真負氣衝出家門，只是這一出去，就沒有再回來過了。

幾分鐘之後，社區大樓的中庭傳來一聲巨響。一道身影從三十樓高的露台一躍而下，幾套尚未拆封的全新制服還整齊疊在床上，但一個年輕生命就此殞落。這件事情，當然也成了父母心中永遠抹滅不掉的傷慟。

或許有人會覺得是年輕人抗壓性低、不懂得珍惜生命；也或許有人會責怪父母親不懂得給孩子自由，逼得孩子走投無路，不過，我們並不瞭解他們家發生什麼事，也沒有權力去責備他們。我們要學習的是去理解在那個當下，他們的內心到底發生了什麼事？為何會說出這些話、做出這些行為？

內在失去安頓情緒的空間

想想看，你是否也曾有過因為突如其來的情緒竄上腦門，衝動做出讓彼此都受傷、也讓自己後悔萬分的語言或行為？那個當下，你是否已經失去了理性思考的能力，一股難以壓抑的巨大力量推動著你去「做些什麼」，你也很難踩得住剎車，對嗎？

這種俗稱「理智線斷裂」的現象，其實跟我們大腦當中遇到危機時負責提供警示的杏仁核，以及掌管理性思考判斷的前額葉皮質有密切關聯。假如大腦時常放任杏仁核警鈴大響，前額葉卻經常無法適時介入、提供思考與判斷，就會因為持續升高的焦慮、激動狀態而做出失控的行為。

假如你發現自己似乎有類似的現象，請不要自責。你並不是一個脾氣不好或抗壓性低的人，你的杏仁核只是站在保護你的立場而啟動警鈴，它沒有想要傷害誰，它只是不希望你受傷。至於你腦袋裡的警鈴為何經常因為一些連你都難以理解的事

（甚至是你認為的小事）而失控，這通常與你成長的經驗有關。

好消息是，大腦裡的神經元遵循著「用進廢退」的原則發展，假如你從此刻開始鍛鍊杏仁核與前額葉皮質之間的連結，兩者之間的通道就會慢慢被建立起來。未來當你遇到危機、杏仁核開始啟動時，前額葉皮質不再只是雙手交叉在胸前袖手旁觀，你的杏仁核與前額葉皮質的連結會變得更緊密，能夠適時相互支援。所以你依舊能感覺到各種情緒，卻也能夠做出適合當下的行為反應。

換句話說，以前的你被情緒所奴役，而現在你將成為情緒的主人。這種改變，可以藉由練習ＳＴＯＰ情緒緩和術來達成。

ＳＴＯＰ情緒緩和術

ＳＴＯＰ情緒緩和術有四個具體步驟，依序是暫停動作、留意呼吸、自我觀察、重新表達。讓我們進一步認識這四個步驟：

Ｓ：Stop，暫停動作

捕捉到情緒浮現（尤其是負向或強烈的情緒）的片刻，最簡單也是最重要的任務，就是告訴自己：「停！現在什麼都不要做。」

「什麼都不要做」就是你當下唯一要做的事情。光是停止動作就有機會減少衝動行為產生。

假如你本來就是很擅長忍耐的人，那恭喜你，這個步驟你一定很精熟。不過請放心，以前你除了忍耐就沒其他招式可以使用了，但後續三個步驟會讓你跳脫這個狀態。現在，你只要提醒自己：

停，輕輕地放下手中的東西，不要扔、不要摔、更不要傷害自己或他人。

停，你可以微微鬆開嘴唇，但不要急著說任何話。

停，你可以持續看著前面的人，或者將視線瞥到一邊，但不做任何反應。

停，不要把辭呈遞出去，不要寄出信件，不要發送信息。

停，請對方給你一些時間，不要急著做決策。

停，就是此刻你所要做的事情。

此刻，不要讓事情如過往那樣變得更糟、失控，就是最好的開始。

你想罵人、想摔東西？請放心，未來機會多的是，不急於這一時。

你可能會抗議：「可是，過了這個時間點我就衝動不起來了啊！」

嘿嘿，恭喜你發現了這個事實！

T：Take a breath，留意呼吸

有時候你就是處在什麼事情都做不了的困境當中，這時候深呼吸就是你信手拈來、非常有效的冷靜方式。穩定而規律的呼吸可以調整你的自律神經，幫助你緩和當下急促的心跳，放鬆緊繃的肌肉。

這時候的呼吸其實沒有什麼技巧，想要大口呼吸就大口呼吸。千萬別在這個時候提醒自己：「據說道行高深的人都可以用安靜且不著痕跡的方式呼吸。」此時刻意控制呼吸，反而會讓激動狀態下的自己更不舒服。

身體需要多少氧氣，他會自行告訴你。經過幾次大口（聲音可能也滿明顯的）呼吸之後你會發現，呼吸會自動變得緩慢、輕巧且不費力。這代表著你已經藉由呼吸的動作，幫助身體重新回歸平穩的狀態。此時通常你也能感受到，胸口的起伏變得比較不明顯，心跳的速度逐漸緩和。或許肌肉還無法完全放鬆，但內心那一股「非得做點什麼」的衝動已經縮小許多。

來，現在就觀察一下自己呼吸的力道與速度。感受一下這與你在生氣的時候有什麼不同？

假如你發現自己正在憋氣，或者刻意控制呼吸的力道，請提醒自己：吸氣會自動到來，呼氣也會自動發生。只要觀察呼吸的運作就好，不要花力氣去控制。

O：Observe yourself，觀察自我

身體趨於平穩之後，就要把注意力轉移到心（其實是指大腦）上面了。

有時候情緒像是俄羅斯娃娃，一種情緒裡面還包含著其他情緒。就像生氣的背後，經常是因為挫折、失望、無力、恐懼……，假如我們因為感受到生氣就罵人、指責或自責，表面上抒發了情緒，實際上卻沒有貼近自己內在真實的聲音，當然也沒有辦法達到真正的安撫效果。

情緒也是一種信號，當你內在有某些渴望被忽略、某些需求沒有被滿足、某些聲音沒有被聽見，相對應的情緒就會跳出來提醒你。唯有聽懂這些聲音，你才會更清楚情緒究竟從何而來，也才能夠掌握自己真正想要表達的內容，否則就會陷入很生氣／委屈卻說不清楚的窘境。

在這裡，提供幾個可以幫助你探索自己內在需求的問句：

- 發生了什麼事讓**我**有這麼大的情緒？
- 在這件事情裡，**我**真正最在意的是什麼？
- 在這個情緒背後，**我**真正希望別人聽懂的是什麼？
- 如果可以，**我**期待別人幫忙的部分是什麼？

你有發現嗎？重點不是**別人**做了或說了什麼，而是在這些事件當中，**自己的**需求、渴望到底是什麼？因為我們無法改變別人，但可以藉由自我探索來幫助自己。

P：Proceed，重新表達

面對危機、情緒激動的時候，我們最常使用的應對策略都是來自過往的慣性，這和生物演化的過程有關：事態危急，哪裡還有時間慢慢思考？想到什麼招式就用什麼招式。偏偏現代人類的生活極其複雜，這些招式不見得適用在每一種情境，而且人們因為仰賴慣性，常常沒有發現自己正在重複使用無效的方法。

就像我曾經與一位母親談話，我問她，如何停止孩子熬夜玩手機的行為？

她會告訴孩子：「好了，把手機收起來了。」

我問：「假如他不聽話呢？」

她會提高音量：「好了！手機收起來了！」

我繼續追問：「那要是他依舊不聽話呢？」

她說她會大吼：「手機給我收起來！到底有沒有聽到？」

像這樣，只不過是音量大小的不同，其實講話的內容是一樣的。重複同樣無效的行為，怎麼可能得到有效的結果呢？

情緒冷靜下來、也探索完自己的需求之後，我們要練習思考：

- 過去的行動方式裡，哪些能有效達到我的目的？哪些無效？
- 剛才的表達方式，有讓別人理解我想表達的嗎？
- 有哪些表達方式更能夠讓別人懂我？
- 如何行動才能減少傷害，或者接近彼此的期待？

經常陪伴自己整理過往的行動經驗，有效的策略就保留，無效的就避免重複。未來，你就更能夠在需要時為自己篩選出有效的行動策略。

穩定情緒，不等於壓抑情緒

有人曾經問過我：「你要我們做這個練習，是不是為了要減少衝動、避免負面情緒？」

嗯，這句話只說對了一半。STOP情緒緩和術的確是要減少你衝動行事的頻率，但絕對不是要壓抑或否認負面情緒。

負面情緒與其他情緒一樣，是再自然不過的現象了，我們不需要去抑制或否定它們，但我們要努力的是，避免因為不了解自己內在的真實情緒、不知道該如何表達，或者因為衝動，而將內在的情緒化為對外或對內的攻擊。這樣一來，不僅傷害了別人與自己，也無助於讓別人更了解你。

假如你在經過了這些練習之後，發現「如果不大聲制止，對方是不會停止動作的」、「如果不嚴厲地表達自己的立場，會持續被侵犯」，那麼生氣或嚴厲的語言還是有存在的必要。

也因為你是在相對穩定的情緒狀態下經過覺察才做出這些行為，即使對方的反應或事情的結果不如你期待，你也不會留下太多遺憾或自責，因為這些行動都是經過你的覺察之後所做的決定。

第11章
釋放腦袋裡的藍色大象

很多時候，即使我們已經刻意提醒自己不要胡思亂想，要專注在眼前的事情，可是我們的心沒有那麼聽話，在你稍不留意的片刻，念頭便溜了出去，一眨眼就跑到你找不到的地方……。

所以這一章，我們要練習專注在我們當下的思緒，安頓紛亂的念頭。可以的話，此刻邀請你暫時放下手邊的工作（當然也包括手機），站起身來，找一個地方專注地走走路。假如說你現在所處的空間不允許你做這件事，你也可以就在原本的位置上安靜坐一會兒。

這個活動的規則很簡單：

專注地在某個範圍內走一走，或者安靜地坐著，就是你當下唯一要做的事情。大概這樣進行三分鐘即可。

就是現在，請你設定好時間，一起來體驗這三分鐘的活動。

心，總是喧囂大於沉靜

假設你已經完成了三分鐘的活動，請你回顧一下：**在剛剛那三分鐘裡，你的心「說」了些什麼呢？**

你的心，是否掛念著剛才處理到一半的事情？是否想起了早上發生過的某些事？是否開始規劃晚餐或週末的行程？是否浮現了「做這個活動要幹嘛」的困惑？是否因為窗外的某個聲音或不經意瞥見的某個東西，思緒被帶到遠方？是否想著想著，甚至忘了自己身處何處、正在做什麼？

這就是人們普遍所處的狀態：**即使不說話，內心也經常處在喧囂的狀態**。

我們的心念（或稱之為思緒）有驚人的移動能力，擅長從一個端點瞬間移動到另一個端點；它可以穿越時空回到過去，也可以瞬間抵達未來；它像是擁有頑強的生命力，能夠從一個想法迅速分裂成多個想法，然後持續分裂成無數個。我們經常不自覺地被困在這些紛亂的想法裡，因而感到身心俱疲、迷失方向。

想像的力量

蔓延在我們心裡的想法雖然無形無影，但它確實會對我們的注意力、情緒、生理造成具體影響。特別是當你腦袋裡充斥著對未來負面的預期、對自己或他人的嫌惡、對事情災難化的想像，此時負面情緒也會隨之而來。

美國神經生物學家羅伯．薩波斯基（Robert M. Sapolsky）在《壓力》（*Why Zebras Don't Get Ulcers*）一書中提到，**光是在心裡想像，就能產生彷彿身歷其境的身體感受**。主要的原因是，我們的壓力反應系統在面對壓力的時候，不太能有效判斷眼前的壓力到底是因為真實的危機，或者只是來自腦袋的想像。

有些人因為出差的另一半沒有迅速接起電話或立刻回覆訊息，就感到焦慮不安與生氣；有些人想到逢年過節必須見到某些家人或親戚，就覺得心煩頭暈，甚至失眠；父母親想到孩子前幾天用力甩門的樣子，一股怒氣又湧上心頭。

這些因為想法而浮現的情緒，也連帶引發心跳加速、頭暈頭痛、肩頸僵硬，甚至是腹痛或消化不良等生理反應。而這些生理方面的不舒服，又會讓你更心煩、更緊繃，進而形成沉重的壓力。

可是，請你睜大眼睛仔細環顧四周：此刻，你人在哪裡？是否處在讓你產生負面情緒的那些事件裡？那些讓你感到頭疼的人事物，此刻在你身邊嗎？

其實並沒有，對吧？

你擔心伴侶刻意迴避你，但此刻的他可能正在開會、應酬，或者小憩片刻；你擔心過年期間曾經發生的衝突再次上演，但那些人現在都在各自的生活中忙碌，他們當中有些人甚至打算今年過年不會返鄉；而你的孩子，此刻可能正在學校專心聽課、參與分組活動。

那麼，你當下的情緒真的是因為這些人、這些事而起的嗎？還是基於過去的某些經驗或某些想像呢？

假如你沒有覺察腦袋裡上演的這些劇情都只是我們的「想法」，而不是此刻正在發生的「事實」，就會用一個想法持續餵養出更多想法，最終這些想法將會成為一頭龐然大物（我經常稱之為「藍色大象」）占據你的內在空間，使你無法專注當下正在進行的事情，並影響你做出適當的回應。

你所「想像」的，往往都會「成真」

心理學裡有一個概念叫做「投射」，意思是我們把內心的情緒、價值觀、想法，像是投影機那樣投放到別人身上。

精神科醫師培里博士（Bruce D. Perry）與脫口秀天后歐普拉（Oprah Gail

Winfrey）在討論童年創傷的著作《你發生過什麼事？》（*What Happened to You?: Conversations on Trauma, Resilience, and Healing*）中，有一句簡短有力的描述：「**你對這個世界投射什麼，就會從世界得到什麼。**」

當我們對人際關係投射出內在的不信任時，就會帶著不安全、焦慮、多疑的態度與他人互動。好比說，你用負面的語言回應對方的關心或讚美，刻意保持和周圍他人的距離，或是拒絕他人熱情的邀約……，長時間用這樣的模式與他人互動，他人也可能會感覺到你的不信任、冷漠，而逐漸與你拉遠距離。

重點來了，當別人與你拉遠距離的時候，你感覺到什麼？

你一定覺得「看吧！這些人果然不值得信任，他們會拒絕我、疏離我，與人互動真的很辛苦」，於是你對內在的信念更加深信不移。殊不知你在人際互動中感受到的壓力，其實不全然來自於外在的人事物，而是你內在既定的解讀框架。

除此之外，倘若我們經常在腦袋裡面批評、否定自己，覺得自己是很糟糕、沒有能力的人，經年累月下來，你在面對挑戰的時候會選擇未戰先投降，遇到衝突時害怕的感受會大過於思考，並且總是無法接受別人的讚美，久而久之，真的成為一個極度沒有自信的人。

所以請記得：**你經常餵養大腦什麼，大腦就會回應你什麼。**

「不要想」就沒事了嗎？

假如想太多會引發壓力與負面情緒，那麼「不要亂想、不要想太多」不就沒事了嗎？

難就難在這裡：**越是要求自己不要去想，就越會讓自己感到負擔。**原因有二：一是語言容易對大腦產生暗示，二是因為你過於專心提醒自己「不要想」某件事，結果反而干擾了你專注處理眼前的事情。

語言的暗示性

語言暗示性的威力究竟有多大呢？邀請你來體驗一下這個活動：

現在請你深呼吸一口氣，然後專注地提醒自己：**不要想著一頭藍色的大象**。看清楚了：**千萬不、要、想、著一頭藍色的大象**。假如你發現想到藍色的大象了，就再複誦幾次：**千、萬、不、要、想、著一頭藍色的大象**。

如果你很認真地一遍又一遍閱讀這段文字，你的腦袋裡出現了什麼？是否正是一頭藍色大象？

當你告訴自己不要想某件事情的時候，你也同時正在提醒自己記得這件事。就像一個失戀的人，假如每一天都認真地提醒自己「記得要忘記對方」，結果肯定會讓他很沮喪，因為越用力提醒自己要忘記對方，越會想起關於對方的點點滴滴。

額外消耗注意力

當你認真地提醒自己「不要想某件事」，就如同你專注地講一通電話、回一封工作的訊息、協助檢查孩子的作業一樣，此時你很難同時專心地做另一件事情。

試想：假如你在約會時，心裡不停提醒自己「拜託，不要再想著前任男友了」；期末考的時候，一直提醒自己「不要擔心考不好」、「認真寫考卷才不會被當掉」；又或者在吃飯的時候努力跟自己說「不要擔心熱量，吃就對了」，在這種情況下，你還能專心與現任男友約會嗎？能全神貫注地寫考卷嗎？能放鬆地享用美食嗎？

你很可能會不小心噎到、干擾答題的專注力，甚至不小心叫出前男友的名字呢（千萬不可啊）！

按下「暫停鍵」

現在，我們一方面理解「負面想法」如何對我們形成壓力，一方面卻又了解要自己「不要去想某件事情」其實是辦不到的，那到底該怎麼辦？假如你覺察到心裡那一頭藍色大象又開始蠢蠢欲動，停不下來的負向思考、一陣陣的負面情緒又開始對你造成一連串壓力，該怎麼辦呢？

無論思緒從何處開始蔓延，假如想要善待你的大腦，最重要的步驟就是按下「暫停鍵」。一旦發現過度用腦的慣性又啟動了，就要予以中斷。

此刻，我們可以採取一些簡單的行動，透過刺激感官來轉移注意力：

- □ 拿起手邊的杯子，緩緩地喝一杯水（或飲料、咖啡）。
- □ 離開當下的情境，到外面緩緩地走一走。
- □ 擠一些你喜歡的洗面乳，溫柔地洗把臉。
- □ 輕輕地聞一聞你喜歡的精油（或是薄荷油、香氛等等）。
- □ 握拳，輕輕地敲敲自己的胸口，或者肌肉緊繃的部位。
- □ 用雙手的大拇指與食指捏一捏兩邊的耳垂。
- □ 閉上眼，專注地深呼吸幾次（但走路或開車時不可以閉上眼睛喔）。
- □ 跟自己說：「等一下，你又開始囉。」
- □ 想起某件事情時，提醒自己「好，我知道了」就好了，接著專注地做幾次深呼吸，讓注意力再次回到正在進行的事情上。

請你從這些前述這些方式中，勾選出你覺得適合自己練習的暫停法。

當然，我也鼓勵你設計出屬於自己的暫停法：＿＿＿＿＿＿＿＿。

無論是用身體行動按暫停，或者藉由自我對話的方式按暫停，最重要的是原則是簡單，越簡單，越有可能在生活中實際練習。熟練按暫停的技術，過往那種無意識用腦過度的慣性就越容易被削弱。

我知道，你或許還是很困惑：「暫停了，然後呢？接下來要做什麼？」

請放心，你只要記得提醒自己：**能夠順利中斷就是最重要的目的，先不必煩惱接下來該做什麼**。即使過一會兒你又開始繼續思考循環，至少也已經不同於過去那種在無意識的狀態下讓負面思緒無限蔓延、最終掉進情緒深淵的循環了。

第12章 與負面情緒共處

在安寧病房從事護理工作的友人，曾經分享多年前在工作中一段難忘的相遇。當時病房住進一位癌末的老奶奶。每天下午，她的先生都會提著點心到病房陪老太太聊天、吃東西。走進病房時，老爺爺總是帶著笑臉說：「老婆，下午茶的時間又到囉！」吃完點心，爺爺就幫奶奶按摩身體，整理床邊的小東西，直到奶奶沉沉睡去了，他才會暫時離去。午後時分，和煦的陽光斜斜映入病房，瞬間讓充滿消毒水味的冷冽空間增添了幾分溫度。

有一天爺爺來得比較晚，友人主動上前與老奶奶聊天。言談中，朋友關心奶奶此刻會不會不舒服？會不會痛苦？

「身體當然會痛，但是心裡沒有苦。」奶奶深呼吸一口氣，面帶微笑地說道：「我的這一生呀，很幸運能遇到一個人願意用一輩子來愛我、照顧我，甚至還要陪伴我走完人生最後一段路。這樣的我感恩都來不及了，怎麼會覺得苦呢？」奶奶講完這一段話的同時，爺爺也剛好走進病房。友人說，那一刻她看見爺爺雖然依舊是一貫的笑容，表情裡卻有說不上的不捨。

聽到友人轉述這一段對話時，當下我的內心大大地被觸動了一下。原來關於生命中難以避免的痛苦，我們還可以用這樣的眼光去看待。

受限的觀點，引發更多負面情緒

你是否有過類似的經驗：當某一個重要他人沒有接起你的電話時，起初你猜測他可能在忙著工作，或者擔心他會不會發生什麼事情？可是慢慢地，你開始懷疑他是否為某件事情而對你生氣，並且開始擔心自己是不是做錯什麼事？想著想著你又覺得不公平，為什麼對方不直接把話講清楚、而是閃躲你的電話？接著，你又想起以前人際互動的負面經驗，然後內心越發焦慮、害怕。這時候你要不是開始瘋狂撥打對方的電話，不然就是使出隱身術，也故意讓對方聯絡不上你。

我們在疫情底下也常不自覺進入這種狀況：發現自己有些咳嗽或頭暈的狀況時，突然擔心起自己是否染疫，隱約「覺得」自己好像也有其他症狀，並開始努力回顧這陣子的足跡。當家人覺得事情沒有這麼嚴重時，你開始擔心起家人沒有危機意識，氣家人沒有重視你的健康，並發展出一系列災難的想像。

這種現象就像是「隧道視覺」：開車進入隧道的剎那，視線所及只剩下遠方出口處的光點，周圍全是一片黑暗，什麼也看不見。在遭遇某些事情時，我們也可能把注意力全都聚焦在某個負面的焦點上、因而忽略了其他面向。在這種情況底下，我們的觀點是偏頗、局限的，此時不僅會深陷在負面情緒中難以自拔，也連帶影響了我們的判斷和行為。

學習接納負面情緒，但毋須讓苦延伸

時隔多年，那位奶奶說的話至今仍深深刻在我的心裡。

一直以來，我們都把「痛苦」二字融合成一個同義詞，實際上，這兩者卻是作用在我們身上不同的層面。「痛」包括了因為疾病或傷害所造成身體的不舒服，以及因為某些事件所引發的內在感受（例如因為分離而難過、因為失敗而挫折）。而「苦」，則是我們藉由對於「痛」的解讀與評價，進而引發的另一種心理層面的負面感受。

好比說當一個人生病時，缺乏活力、身體不舒服與心情低落本來就是正常的，但是當他開始抱怨自己很倒楣、質疑醫院沒有把最好的資源留給他、覺得家人都不照顧他、覺得這個世界不公平時，心情當然就會更加惡劣。

身體疼痛＋抱怨＋自責＋猜疑＋……＝沉重的身心折磨

生活中的種種事件，的確會引發我們各種不同的情緒，而親人離世、與相愛的人分離、身體健康因素……等重大事件，更是讓我們覺得難受。感覺到這些痛，不代表你是脆弱、無力的，因為對絕大多數的人而言，面對這些事情也都會有跟你類似的情緒。

如果你正因為某些事情而經歷著難受的情緒，你可以試著不帶評價地感受看看，當這個情緒出現時，連帶引發哪些身體感受：胸口會悶悶的嗎？心跳的速度有比平常快一些嗎？肩膀是僵硬的嗎？手腳是出汗的還是冰冷的？胃會有緊縮的感覺嗎？呼吸還順暢嗎？會有頭暈、頭脹的感覺嗎？

這些反應沒有好壞對錯，你只需要靜靜地觀察這些身體的反應，然後你會發現：無論是身體的反應還是心情，它們都是相對的：有比較強烈的時候，也會有逐漸消退的時候。

生命中有很多問題是一時半刻解決不了的，或者根本沒有所謂的解決方法。假如問題無法解決，難道我們就只能受苦嗎？

事實上，你的心靈就像是一片蔚藍的天空，每一件浮現在你腦海中的事件，無論是令你開心、悲傷、生氣的事情，就像是一朵朵白雲。如果你願意停下腳步，靜靜地觀察，會發現它們雖然總是不請自來，但最終也會悄悄地飄走。當這些思緒飄走之後，你的情緒與身體反應通常也會隨之緩和下來。

然後你會發現：**身體的疼痛其實就只是身體的疼痛**。

事情的本質是中性的

我有一位擅長協助人們瘦身的心理師好友，他發現許多人在瘦身的過程中，最難受的並不是遠離美食或忍受飢餓，而是內在充滿許多自責與自我否定的聲音。這些攻擊自己的聲音會引發負面情緒，而負面情緒又影響睡眠、工作效能、人際互動，並且再次引發情緒性進食（甚至催吐），因而造成「壞心情——吃更多——壞心情」的負向循環。

其實體重就只是一種動態的數字而已，跟一個人的品行、能力、價值一點關係也沒有。假使能夠抱持著希望可以讓自己更健康、行動更輕鬆自在的信念，或許就能帶著期待與愉悅的心情來調整飲食與作息，而不是帶著否認與鄙視自己的心態來消滅某個討厭的自己。

又好比親子關係中的衝突。當孩子沒有遵循父母的建議去補習、選科系、交友等等，父母常常覺得被孩子忤逆，感覺自己沒有得到孩子的尊重，覺得自己的努力沒有價值⋯⋯，想到這裡，會覺得鬱悶、低落，當然也伴隨生氣。

可是孩子在成長的過程中，不就是應該要慢慢長出自己的想法，進而走向獨立自主嗎？孩子與你本來就是不同的個體，怎麼可能在每一件事情上的想法都相同？或許孩子依舊很愛你、尊敬你，可是他也開始想要照著自己的想法行動。當然，孩子的思維可能不如父母來得周全，此時我們可以站在引導者的角色陪伴其思考、面對困境。假設能從這種態度來看待親子之間觀點的差異，相信你們的關係會添加不少合作與尊重的氛圍。

又好比說在職場上，難免會發生擁有多年革命情感、交情很好的同事突然離職的情況。留下來的人有時候會覺得被遺棄，因為要暫時承接離職同事的業務而感到憤怒，甚至因為要獨自面對某些困境而覺得被背叛。在這種情形下，有時候連多年建立的好情誼也瞬間破滅。

一個人之所以選擇離職，很可能只是為了體驗不同的工作環境，或者想要追尋理想，獲得更好的生活品質。對方沒有想要傷害你，也沒有任何背叛你的意思。

事件的本質是中性的，我們解讀事情的觀點則決定了我們的情緒。雖然人本來就會有自己的主觀立場，所以不可能（也不需要）達到全然中立，不過我們的確可以在生活中練習覺察自己的觀點，看看自己是否因為某些評價、期待、刻板印象而引發不舒服的感受。

拓展涵容情緒的空間

想像你的心靈空間是一個透明澄澈的水瓶，在成長的過程中，因為各種挑戰、困境、創傷，裡面慢慢裝進一顆顆名為悲傷／失落／生氣／後悔……等各種負面情緒的石頭。以往我們總覺得面對負面情緒，就是要努力把這些石頭縮小，然後將它倒出水瓶，這樣才算是妥善處理情緒。之所以如此，是因為我們的環境總是提醒我們：不要想就沒事了、過去就讓它過去、不要活在過去，但是這麼做，就好像忽視情緒的強度，否認這些事情真實存在過。

事實上，那些曾經引發悲傷／失落／生氣的事件或許永遠都會以某些形式停留在我們的生命裡，它們不會縮小，也可能永遠都不會消失，而我們能夠（也必須）做的，是在成長過程中學習與它們共處；接納它會影響我們的情緒，也知道那只是生命的一部分。**情緒只是我們的一部分，但不等於我們；情緒的威力很大，但我們才是情緒的主人。**

雖然，某些事件引發的負面情緒很可能跟著我們很久、很久，但好消息是，我們的大腦擁有持續成長、調節的能力。每一次當我們清楚覺察到情緒的升起，並且學習用更適當的方式來回應它、與它共處，都會強化大腦裡處理負面情緒的神經連結，拓展我們內在涵容情緒的空間。

那會是什麼樣子呢？

你能夠覺察到內在有一股情緒即將浮現，而你對這一份情緒並不陌生；你知道它會引發你哪些生理感受、思緒，同時，你也知道這份情緒有升起的時候，但假如你只是如實地感受它，情緒就會慢慢消退。所以，你內在的情緒會開始流動，它不再是壓垮你的可怕壓力，而你也能夠以相對自在的方式來應對負面情緒。

第13章

保持情緒流動

童年的寒暑假，我幾乎都是在雲林莿桐的外婆家度過。

外婆家的老房子由紅磚與瓦片砌成，坐落在一大片綠油油的稻田中央。夏日微涼的午風徐徐吹過，一望無際翠綠的稻浪隨之婆娑舞動，發出陣陣悅耳的沙沙聲。大多數時刻我都與表哥在田野小徑上騎腳踏車追逐，或是捲起褲管在清澈的小溪裡玩水、捉魚。有時候我們也會拿裝滿水的寶特瓶到樹下灌蟋蟀，或者偷偷在鄰居家休耕的農地上堆起土窯烤地瓜。

無論我們如何調皮搗蛋，總是謹記外婆時常提醒的：要愛護小溪，不可以亂丟垃圾。保持小溪流動順暢，溪水就不會有味道，小溪的魚蝦也能夠健康生存。相反地，當河流堆積太多障礙物，水流不暢通，就會滋生蚊蟲，發出臭味，遇到下大雨的時候很容易就暴漲、淹水。

我們的情緒也是如此。許多表現於外的行為問題、身心疾病，往往都與被卡住的情緒有關。

當一個人的情緒找不到適當的出口、不知道該如何表達，甚至被刻意忽視、否認或壓抑，流動不順暢的情緒就會持續堆積負面能量，造成心理的負擔，進而形成身體上的疾病。

有時候，我們也會仰賴一些不適當的方法，像是自我傷害、藥物濫用、酗酒等各種成癮行為來幫助自己抒發情緒。這些方式雖然讓我們在當下獲得些許舒緩，長期下來卻造成更多傷害。

面對負面情緒，我們總是用錯力氣

有一回，一位母親提到自己經常覺得身體很緊繃、睡眠品質不佳，這些狀況已經維持好長一段時間。我問她是否注意到生活中有哪些壓力來源？

她說，自從兒子進入青春期以後，對她講話的口氣總是不太有禮貌，也開始與她唱反調。同時間，她也抱怨丈夫與公婆在教養上和她持不同立場。這一說就長達十幾分鐘停不下來，越說音量越大，用字也越來越嚴厲。

「媽媽，剛剛在說這一段話的時候，你的心情怎麼樣？」我問。

「心情？我沒有什麼心情，我只是講一下，看看怎麼樣讓我的孩子比較聽話一點。」一面對我的問句，母親似乎不太能夠感受到自己是有情緒的。

「提到這些事情，你會有些生氣或無奈嗎？」我試探性地指出幾個情緒詞彙，觀察母親的反應。

「不會啊，有什麼好生氣的？每一個人本來就有不同的立場，只要孩子乖乖聽話就好。」果不其然，母親依舊沒有與自己的負面情緒連結。

對話至此，關於她身體緊繃、難以入睡的原因，我大概已經能夠猜想一二。你想想看：既然她可以認同每一個人都有不同立場，也沒有生氣的情緒，那麼剛剛一連串的抱怨又是為什麼呢？這種反應是我在諮商中常見的現象：當事人與自己的負面情緒沒有連結，即使表現出指責的行為，卻沒有覺察到自己內在的情緒，當然也無法聽見生氣背後的需求。

假使負面情緒已經讓人覺得不舒服，你卻還用力去忽視、否認，或者壓抑情緒，不僅失去妥善安頓情緒的機會，也讓自己更加耗能，造成身心更大的負擔。

與自己的情緒連結

於是我暫時不談情緒，邀請這位母親閉上眼睛，做幾次深呼吸，感受一下剛剛在談孩子、先生與公婆的事情時身體有哪些感覺。

這母親緩緩地說，她覺得心跳變快，肩膀有點緊繃，胸口悶悶的且呼吸不太順暢，眉頭緊縮……。

我問她，這些感受什麼時候會浮現呢？她說，每當與孩子溝通不順暢、擔心孩子不聽話會變壞、先生與公公婆婆否定她的教養方式時，這些感受就會出現。

聽到她能指出一些身體感受，也能辨識出這些感受浮現的時刻，我相信她多少能夠與內在連結了。於是我繼續問：「在你的生活中有理解你、疼愛你的人嗎？」

她點點頭。「是我的母親，可是她幾年前過世了。」

「假如母親知道你這幾年在教養上很挫折、孤單，而且不被夫家支持，總是無法放鬆，常常睡不好，她會說什麼呢？」

「她會說她知道我很委屈、很生氣，她會很捨不得我……」母親說著，眼眶有些泛淚。

「所以獨自面對這些事情的你，其實有委屈、有生氣，也有難過，對嗎？」我放輕聲量，重複這母親提到的情緒。

她用雙手掩著臉，點點頭，豆大的眼淚沿著臉頰滑落。有好幾分鐘的時間我沒有說話，只是靜靜陪著她。

幾分鐘後，母親的啜泣逐漸緩和，抬起頭露出不太好意思的微笑。

「說說話、掉完眼淚，你現在感覺怎麼樣？」我問。

「我好久沒有這麼輕鬆的感覺了，真的很神奇。」母親此刻臉部的線條看來柔和許多。

「很神奇?怎麼說呢?」我問。

「以前我都覺得要等問題解決了才會放鬆,沒想到只是說說自己的情緒,竟然就放鬆許多。為什麼會這樣呢?」她大感驚訝。

其實道理很簡單,假如內在的空間像是一座水庫,當負面情緒已經超越警戒線時,我們卻又用力撐住不允許情緒抒發,身體與心理就會處在緊繃的狀態。相對地,當你能夠找到一個安全的對象訴說,允許眼淚隨身體本能流出,內在的壓力就能夠逐漸釋放,身心也會隨之放鬆、舒坦許多。

保持情緒流動的三步驟

情緒有升起,自然也會有消退的時候。當負面情緒浮現時,我們難免會覺得不舒服,這是很正常的現象,我們避免不了,也無須避免。但我們可以練習以適當的方式來照顧我們的情緒。

第一步:覺察情緒

情緒就如同肚子餓、肌肉有些緊繃、感覺有點睏一樣,都只是自然的現象。我們要學習更敏銳地發現這些情緒，但不需要因而責備自己。

想想看，假如有一個人因為肚子餓、想睡覺而責備自己，不是有點莫名其妙嗎？所以我們也不需要因為感覺到生氣、害怕、失望等各種負面情緒而責備自己。

就算當下無法立刻辨識出情緒的樣貌或情緒從何而來，那也沒關係，你只需要溫柔地提醒自己：

- 我覺察到有某些不舒服的情緒浮現了。
- 此刻的我正在不太舒服的情緒狀態裡。
- 我需要讓自己靜一靜之後再做出反應。

如實覺察自己的情緒，允許情緒自然浮現，不否認、不批評，也不急著分析，就是讓情緒流動最重要的開始。

第二步：探索需求

負面情緒經常像是一團迷霧，唯有當你勇敢踏進霧裡，才有機會看見隱藏其後的景象。

當一個人生氣時，往往是因為被碰觸到內在的脆弱或痛處，此時內在真實的情緒很可能是：失望、沮喪、害怕、擔心、恐懼……。由於我們從來沒有學會好好地辨識情緒，以至於只要覺得不好受，就習慣以生氣的方式來表達。

「恐懼」其實是在提醒你要謹慎行事、確保安全；「焦慮」是在提醒你多多留意、確保事情在可控制的範圍裡；「失望」凸顯出你真正在意的事情；「尷尬」則是因為你在當下進退兩難，找不到一個舒適的位置或立場；而「指責」的背後通常夾帶著未被滿足的需求。好比說：

- 當大人對孩子說：「你是沒有嘴巴，不會好好說話嗎？」其實他的需求是：「我好想了解你真正的想法。」
- 當一個人對伴侶說：「你乾脆跟工作交往算了！」其實他的需求是：「我好希望你可以多一些時間陪伴我。」
- 當家長對老師說：「你們這些年輕的老師真是沒經驗。」其實他的需求可能是：「我好希望你們能幫助我處理孩子的行為問題。」

假如能夠聽懂這些情緒背後的需求，你就能夠有意識地停下腳步、關照自己，對自己說：「你現在還好嗎？需要我為你做些什麼嗎？」

第三步：安頓自己

許多人對於「表達情緒」有根深蒂固的誤解，認為表達出內在真實的情緒是不理性、脆弱、缺乏自制力的行為。這種誤解往往來自於童年時期大人的身教與言教。的確，假如絲毫不關照當下的情境或他人的感受，任由情緒恣意宣洩，很可能會傷害他人或自己，這是一種表達情緒的極端。但是為了避免這種狀況，我們漸漸又走向另一種極端：用力壓抑、否認，不讓這些情緒有發聲的機會。

事實上，安頓情緒最重要的原則是：**聽見自己情緒背後的聲音，並且學會照顧自己的需求。**

好比說：覺察到自己處在焦慮狀態時，不需要急著解決問題，允許自己出去走一走，放鬆身心，然後再回來面對問題。感覺到憤怒來臨時，不是慣性地指責他人或自己，而是感受身體的反應，試著深呼吸，緩緩做幾個伸展動作，慢慢地喝一杯水。覺得受傷或失望時，不需要刻意裝出笑臉，你可以找一個不受打擾的空間，讓眼淚或負面情緒有地方可以宣洩。

總而言之，覺察到負面情緒來敲門的時候，你可以先從身體感受的層次來安頓自己，也可以試著傾聽在這個情緒背後，真正在意的是什麼。**練習成為一個寬容而**

開放的觀察者，友善地觀看情緒的浮現與消退，如實接納這個情緒，並溫柔回應自己的情緒與需求，與情緒和平共處。

我很喜歡以海浪來比喻與情緒的相處之道。

天空中的風、海面下的水流與各式地形……，種種因素造就出海面上陣陣海浪。它們有拍打上岸的時候，也會有消退的時候。有衝浪經驗的人都知道，與海浪對抗不僅消耗力氣，也經常徒勞無功。我們不需要花力氣抵抗海浪，而是要練習觀察海浪，並且站在浪頭上衝浪。

乘著海浪順勢移動，你可以輕輕鬆鬆回到岸上，此時你已經成功地度過剛剛那一波情緒，重新回歸平穩的狀態。

PART

3

專注當下

刻意放鬆，是能夠將注意力安頓在此時此刻。
過去的已經過去了，未來的還沒有到來。
當我們花費太多心力在悔恨過去、擔憂未來，
就失去了活在當下、專注當下的能量。
人生的旅途，難免受到過去的影響，
但未來的生活過得如何，則取決於現在的自己。

第14章 活在當下

批評自己過去所做的決定，對自己是不公平的。

在你的生活中，有出現類似的現象嗎？

- 面對過去，內心時不時就浮現「早知道＿＿＿＿，我就＿＿＿＿」。
- 該休息的時候總是無法放鬆，該認真工作時卻又提不起勁。
- 該專注做一件事情的時候，心裡老是掛念著其他待辦事項。

這些現象都有一個共同的地方——注意力要不是卡在過去，不然就是掛念著尚未到來的未來，以至於你無法專心在當下此刻。

「後悔」是因為我們被困在過去

某次與一位個案對談，聽見他說了一句很有智慧的話：「批評自己過去所做的決定，對自己是不公平的。」

「怎麼說呢？」我問。

「因為以前的自己，無論是懂的事情、人生的閱歷，都沒有現在的自己豐富，倘若站在現在的立場去批評過去所做的決定，我只會看到他的不足，卻忘了看到他的勇氣，這樣是不公平的。」

「那麼，假如有機會遇到過去的自己，你會跟他說什麼呢？」

「我會跟他說：『謝謝你，我知道你在那個當下，已經盡所能做出最好的決定了。』」

面對過去，我們經常帶著無數的懊悔，腦袋裡滿滿都是「早知道——，我就——」的念頭，時時刻刻拿過去的某些決策或行動來苛責、否定自己。或許你認為記取過往的教訓，可以警惕自己避免再犯錯，但是當我們過度把精力放在舔拭過去的錯誤時，不僅無法走出過去的陰影，也忘了一件最重要的事實：**在過去的那當下，我們往往已經竭盡所能地做了最好的決定。**

你可以反思過去的決策，但不需要責備或否定自己。尤有甚之，真的還要好好感謝以前的那個你，願意勇敢地嘗試做出某些決定。至於如何面對未來的生活，其實已經與過去的自己無關，那是現在的你需要負責的。

「躊躇」是對未來的過度恐懼

焦慮不是來自於想到未來，而是來自於想要控制未來。[4]

提早揭露結果的冒險，就失去冒險的意義了。所以我們不喜歡在追劇的時候被「爆雷」，也不喜歡在聽故事的時候有人在旁邊大喊：「我知道啊！接下來就是……」可是面對生命，我們卻總是竭盡所能地想要規劃一切，避免任何意外發生，希望未來的每一個階段都能按照我們規劃的進行。

「未來」正因為尚未到來，所以充滿未知。我們可以參考各種資料規劃未來的生活，這是很重要的行動，但若想要完全掌控未來，避除意外，不僅會活得很用力，也會過得戰戰兢兢。

好比說面對未來的職涯，許多學生最常問的就是：該選哪一個科系？念這一個科系能確保畢業後有工作嗎？要轉系還是要重考？假如多花一年準備重考，一定會如願考上嗎？

面對感情，也常有人問：這個人是我最正確的選擇嗎？跟他交往真的能夠一輩子都很幸福嗎？他會不會又變得跟前任很像？我可以跟這個人走進婚姻嗎？

又如親子教養，常有父母問：不補習真的可以嗎？讓孩子念實驗學校會比較有競爭力嗎？到底要不要遷戶籍去念其他學區的明星學校？需不需要盡早幫助孩子確定職業志向？

這些問題都很重要，卻也都沒有正確答案。當這些擔心累積越來越多，就會形成恐懼，並且使得你躊躇不決、動彈不得。

事實上，生命中有很多答案並不會自動浮現，而是在你鼓起勇氣、開始行動之後，答案才會慢慢地成形。所以面對許多重要的生命議題，我們並不是知道了答案才能夠行動，而是在行動中慢慢摸索出答案的輪廓。

活在當下，就是善待自己

「活在當下」最重要的精神是：接受事情如其所是的樣子。世間萬物不變的道理，就是持續的變化。

4 引自《別慌，一天只做三件事就好》，褚士瑩著。

好比說：上一刻是還是色香味俱全的美食，進了你的胃、經過消化之後就成了排泄物；這一刻還是甜蜜的戀人，一段時間後有可能會分手、形同陌路；年輕時充滿光澤而緊緻的肌膚在數十年歲月洪流中，逐漸長出皺紋、斑點；此刻眼前懵懂撒嬌的小男孩，會逐漸成為青少年、成熟穩重的成年人……。

而**生命中絕大多數的苦，往往來自於「放不下」**。對過去某人的一句話難以釋懷；無法接受事情發展的結果；對自己的外表或能力感到不滿；無法接受孩子的課業表現；無法接受自己生病的事實……。此時，我們的注意力就會卡在過去，把力氣用在不斷悔恨、自責，或者怨天尤人。

我的正念啟蒙老師陳德中[5]經常提醒：**過去的都已經過去了，未來的也還沒有到來**。這一刻你的所見所聞，下一刻很可能會轉換成另一種樣貌。無論你如何執著，都難以改變這個事實。**唯有接受萬物不斷變化的事實，你才能把注意力放在當下，好好地過生活**。

放下，才能活在當下

「活在當下」不是享樂至上，或者什麼事情都擺爛不管。**「活在當下」是指當你已經認真反思過去，也用心規劃未來，那麼就讓自己專心處理眼前的事，好好過**

生活。該工作就認真工作，該放鬆就好好放鬆。

身為一個諮商心理師，假如我在與個案談話的時候邊想著上一位個案的談話內容（過去），或者掛念下一場演講（未來），我就必須用力壓抑腦袋中的念頭，才有辦法在當下專心傾聽個案說話。因此，我在每一次走進諮商室會談之前，都會刻意在門口深呼吸幾次，提醒自己把稍早發生的事情、後續要處理的事情擱在一旁，將注意力拉回當下，讓我能專注地與即將見面的個案談話。

專心在當下，才是最省力的工作策略。等到諮商結束、寫完記錄之後，我就把方才的談話放下，繼續全心全意專注在下一件事情上。

好比說「陪伴家人」這件事，試著騰出幾分鐘的時間，放下手邊的事情，暫停思考工作的事情，專心聽聽孩子或伴侶說話，並且在傾聽的時候就只要專注在傾聽這件事，不要同時想著孩子過去是不是也犯了相同的錯，或者想要建議對方未來該如何行動。專心傾聽，你會發現陪伴這件事情比你想像的輕鬆很多，你比較能聽見對方內在的情緒，也更能拉近彼此的距離。

同樣的道理，吃飯的時候就專心吃飯。關掉電視，放下手機，可以的話也請暫

5 陳德中現任台灣正念工坊執行長。

時停止任何與吃飯無關的事情，把注意力放在眼前的飯菜，留意自己將菜餚夾進口中的動作，以及刻意放慢咀嚼的速度。一開始你會很不習慣這麼做，但很快地你就會發現，你根本不用費心控制飲食的分量，因為你的身體自然會用逐漸浮現的飽足感提醒你差不多飽囉，該放下筷子了。

面對生活中繁雜的工作，請靜下心，專心列出待辦事項，然後依照順序一次專心做一件事。你會發現實際上花費的時間比想像得還要少，而且因為你專注在一件事情上，不僅不會把力氣花去擔心其他事，做起事來心情也輕鬆許多。

讓「放下」成為一種生活態度

「放下」不是一門技術，而是一種生活態度。

多年前，我曾經陪伴一群在法院受保護管束的青少年到一所禪寺，進行為期數日的禪修活動。營隊結束前一天，青少年們跟著小隊輔去進行活動，我獨自和連日來負責照顧我們的師父在寺中散步。

「師父，謝謝您這幾天的照顧。這幾天覺得內在平靜許多，也覺得收穫滿滿，只可惜好快就要結束了。」我對師父說。

「什麼是開始？什麼是結束呢？」師父笑著問我。

「啊？開始就是開始，結束就是……結束？」雖然這幾天在禪寺中聽課、打坐，我已經稍稍能夠適應禪寺的生活步調，但對於這種不著邊際的提問，我還是有些難以招架。

「你如何走路呢？」師父問。

「就……往前跨一步？」我有些困惑地回答。

「如何往前跨一步呢？」師父又問。

我回想這幾天，陪伴青少年們體驗的禪修活動，試著回應：「把腳跟抬起來、離地、往前跨，接著腳跟再次落地？」

師父露出充滿鼓勵的笑容，繼續問：「很好。那你再想想看：在這些動作當中，哪一個是開始？哪一個是結束？」

「腳跟離地是開始，腳跟再次著地是結束。」我很有把握地回應，彷彿逐漸抓到師父的提問脈絡。

「那麼，從你浮現抬腳的念頭，直到腳跟抬起，這中間短短不到一秒鐘的時間，哪一個是開始？哪一個又是結束呢？」印象中師父笑得很燦爛，有些淘氣，卻又有些意味深長。

多年後再回想起當時與師父在禪寺大鐘前的對話，依舊印象深刻。原來，開始與結束是一體的。

沒有開始就沒有結束，眼前所見的結束往往也是另一個開始的契機。每一個念頭、動作往往是開始，也是結束。

無論我們有多麼想要，我們就是無法回到已經逝去的過去，也無法恣意跳到尚未到來的未來，我們能夠把握的，只有當下，此時此刻。

專心享受眼前的美食，專心與身邊的人相處，專心處理手邊的工作，當然，也放鬆地好好享受你的休息時光。把心思從過去與未來拉回當下，心就能擁有更多的空間，讓你過得更自在、更放鬆。

第15章 學習滿足

每一個夜晚，你希望陪伴自己入睡的是自責、悔恨，還是滿足與幸福呢？

生活在緊湊又忙碌的世代，許多人都有睡眠障礙的困擾。由於身心壓力與情緒狀態經常是影響睡眠品質的重要因素，所以每次聽到類似的抱怨，我都會問：「躺在床上的時候，你都在想什麼呢？」

得到的答案不外乎是：「想到還沒做完的事情，壓力就很大」、「想到明天還有好多事情要做，就覺得很煩躁」、「覺得自己今天有些事情沒做好，很懊惱」、「總覺得永遠都沒有可以好好放鬆的時候」。聽到這些熟悉的回應，我自己也心有戚戚焉。因為有好長一段時間，我也深受這些嚴格的內在對話所苦。

過度的自我要求

一直以來個性急驚風的我，總喜歡把每天的行程排得非常緊湊，事情一件接著一件。那時候的我幾乎把自己當成機器來運作，在每一件事情之間也沒有預留任何喘息的空間。

從事心理諮商的工作，我對自己的要求極高，卯足全力準備每一場演講，固定時間產出心理健康文章，答應別人的工作從來不拖延。面對每一場演講，我寧可提前到現場等候聽眾，也不願讓聽眾等我。我認為把事情做到盡善盡美，是一個成熟的工作者最基本的自我要求。

但是事情排得太滿的結果，就是有些做得不確實，有些根本做不完。

於是每天晚上躺在床上時，我總是後悔事情規劃得不夠好，自責還有些事情沒做完……。

想當然耳，入睡前的心情並不好。

可是，我並沒有意識到自己對於工作與時間規劃過度完美的苛求有問題，反而嚴厲地責備自己能力不夠好，要求自己還要更努力地將事情做得更完美。然而這種嚴厲的自我要求，讓我有好長一段時間陷入挫折和低潮的狀態。

在結果之外，還有很多重要的事物

為了擺脫這種過於嚴苛的自我要求，我開始練習反向思考：每天晚上睡覺以前，鼓勵自己寫出三件「今天最滿意的事」取代「沒有做好的事」，希望藉由調整過往負向的評價，改以正向的觀點欣賞自己，緩和焦慮的情緒。

我寫的內容類似這樣：

- 今天走了一萬步。
- 今天終於去了一間沒去過的餐廳用餐。
- 今天新書進度寫了三千字。

持續了一陣子在睡前寫下三個當天確實做到的事情，可是不知道為什麼，心情並沒有因此變得比較好。

靜下心來思考後，我突然發現了原因。

原來，當我關注在行為的結果時，我依舊是在評價自己，在這種換湯不換藥的行為模式底下，雖然我提醒自己有表現好的部分，但也依舊掛念著其他沒有做好的事，擔心明天的事情是否也能做得像今天一樣多、一樣好。

想到這裡我才覺察到，我太習慣以行為的「結果」來評價自己：表現得好、事情有做完，才能肯定自己。那麼，如果事情做不完，或者今天做得沒有比昨天好，我又會陷入負面的情緒。

所以，如果希望讓自己過得比較輕鬆、快樂，只是從結果來評估今天的生活，顯然也不是一個很有效的方式。

後來我試著在回顧「今日滿意的三件事」時，動一些手腳，心情就有大幅的轉變。以前述的三個例子來舉例，我的調整是：

- **感謝**自己，今日在忙碌的工作中還能**堅持**運動的習慣，走了一萬步。
- 今天吃飯是**新的體驗**，不僅造訪了沒去過的餐廳，點餐的方式也**很有趣**。
- 今天在寫作的過程中，我很專心，也很**享受在過程當中**。

重新審視這三件事，我關注的焦點不全然放在評量行為的結果，而是對於做這件事情的過程感到「滿足」。

學會滿足，正能量自然就會產生

基本上，我一整天的生活規劃沒什麼不同，也經常處在忙碌狀態，但我只是調整並練習看待事情的觀點：**不只是關注結果，也提醒自己重視過程**。好比說：

- 我不再只是斤斤計較走了多少步，或是有沒有達到某個目標（甚至有無打破紀錄）。
- 我開始感謝自己願意在忙碌的生活中，堅持有利身心健康的好習慣。
- 我不只是關注去了哪一間餐廳、在某一個新地點拍照打卡，而是用心體驗一個新的環境，體驗新的點餐方式，並且享受用餐的過程。
- 我不是汲汲營營於寫了多少字數，而是享受在寫作過程中的專注、寧靜，以及美好。

感謝、欣賞，以及全然投入在某一件事情的過程本身，就能為自己帶來正向的感受。**也因為不需要做任何比較，所以不太會產生失去或挫折的情緒。**

事實上，「結果」往往只是行動的面向之一，如果能夠欣賞過程中的堅持、投入、勇敢、善意，並且把注意力放在過程中的體驗與享受，看待自己的眼光就不會只著重在「做得好不好」這種單薄的結論上。

依據這個原則，從現在開始，你可以練習這樣欣賞自己與生活：

- 以「雖然有點辛苦，但能夠把三層樓都打掃完的自己，很有毅力」取代「我今天打掃了三層樓」。

- 以「今天去提醒鄰居的自己，還滿勇敢的」取代「我今天有去告訴隔壁不要把車停在我們家門口」。
- 以「今天享受了新鮮豐盛的食材，吃飯的過程很有趣，也很放鬆」取代「今天去吃了昂貴的頂級海鮮火鍋」。
- 以「我有認真思考如何突破工作」取代「今天的進度只達成一半」。
- 以「我有試著把想法說清楚，而不只是生氣罵人」取代「我今天跟另一半吵架了」。
- 以「把乘客遺失的皮包送到警察局，我喜歡自己見義勇為的行動」取代「我雞婆的行為害自己上班遲到了」。

你發現了嗎？前方引號中關注的就是過程，而後方的引號則是過往我們所熟悉的結果。

雖然生活中無法完全避開某些令人難受的事情，例如與另一半吵架、上班遲到，但是當你能夠把注意力放在行為的過程，並且欣賞過程中的自己，就不至於讓負面情緒無限延續、擴大。

或許，我們無法對每一件事情感到滿意，卻能學習對每一天的生活感到滿足。藉由這種觀點，看見的未必是「最好」的自己，卻能夠讓你打從心裡更喜歡自己。

超越結果才能讓生活更自在

我知道，無論是生活還是工作，我們已經太習慣用各種結果來評價包含自己在內的一切。面對現實中的考試、求職、升遷與晉薪，我們的確也不可能完全不在意結果。

「結果」經常是在比較中才能凸顯出相對的價值。而且只要有比較，往往就會有人感到失落、受傷。相對地，「滿足」是一個人在轉換觀點之後，就能從內在孵化的正能量，無須與他人競爭或比較，就能幫助自己過得更健康、更快樂。

倘若這個世代的環境如此嚴苛，我們願不願意試著在生活中為自己開闢另一個空間，在這個空間裡，試著欣賞自己在過程中的投入，感謝自己在結果之外的努力、堅持與善良，專心享受在某些你所喜歡的事情當中呢？

學會滿足，才能讓生活過得更幸福。

第16章 重新找回內在的平靜

二〇〇九年，法鼓山創辦人聖嚴法師因病過世。過世前，曾經有人問他：「師父，面對即將到來的死亡，您如何處理內在的恐懼與擔心？」

聖嚴法師溫和而坦然地回答：「我把健康交付給醫生，把生命交託給佛祖，所以我沒有什麼事情了。」[6]直到生命最後的階段，他依舊維持著規律的作息、禪修、佈道。

初次聽到聖嚴法師說出這一段話的時候，心裡著實羨慕他的豁達，也佩服他的勇氣與智慧。

之後慢慢的我才感受到，這句話的背後有一股好大、好大的力量，這股力量叫做「平靜」，**一種無論是面對盛世太平或者風雨飄搖，都能夠處之泰然地做該做的事、如如不動地活在當下的內在素質。**

快樂是短暫的

比起平靜，大多數人比較熟悉也比較渴望的，應該是快樂。

以前還在教育局擔任約聘心理師的時候，無論那一個月的工作多或少，就是領一筆固定的薪水。上班時經常想著假如有一天能自行創業，接多少案子就可以領多少錢，那樣的生活該有多自由、多快樂？

後來我真的離職去創業了，起初因為工作量較少，經濟上經常覺得有壓力，不免懷念起過去那種無論做多少工作都有同樣薪水可領的生活，那是否才是真正的快樂？創業幾年之後，常常今年還沒過完，明年的邀約就已經排滿了。有時候，在深夜返家路上又會想要趕快把手邊的工作做完，期待下一次假期快點到來，總覺得放假才是快樂的。

於是我開始困惑：此刻的工作與生活模式都是以前的我期待的，為何現在我仍想著要去做另一件事，或者達到某個目標才會快樂？那麼到底什麼才是快樂？

我遇過很多人，他們總認為生活必須充滿快樂，才是健康、理想的狀態。所以

---

6 有興趣的讀者可在YouTube「財團法人聖嚴教育基金會」頻道點閱聖嚴法師紀實電影《本來面目》。

他們安排旅行、購物、裝潢家裡、吃美食、看電影、露營……，做這些事情的時候心裡應該是很快樂的。但是在現實生活中，我們不可能無時無刻都在做這些有趣的事，總得要面對工作、不喜歡的交際應酬、大大小小的突發事件、房貸車貸各種貸款、孩子的教養與課業等等令人煩心的事。

身為一個連想要買一杯星巴克咖啡都要考慮許久的平凡人，雖然我沒有體驗過所謂富二代的生活，但我相信在他們外表光鮮亮麗的生活背後，肯定也有許多不為人知的煩惱。

快樂是一種相對於不快樂的狀態，本質上是短暫的。假使生活中的一切都如你所願、都到位了，你才會感到快樂，一旦這些東西稍有變化、不如你意，眼前的快樂就如夢幻泡影般破滅。令你快樂的事情會有消退的時候，生活中也一定會有令你不快樂的事情發生，在那些時刻，我們就不會是快樂的。所以「希望自己永遠快快樂樂」其實是不切實際的期待。

平靜是帶來穩定的力量

平靜既不是快樂，也不是不快樂。平靜是一種沉穩的內在狀態，讓你在面對各種情境時，內在都保持平穩、安定的感受。

什麼時候會擁有平靜的感覺呢？

有時候是在完成了一件充滿挑戰的任務之後，有時候是身處在心曠神怡的大自然裡，有時候是與親愛的家人相處時，有時候是在虔誠地向信仰的宗教禱告或禪修時，還有些時候，我們是在無意識的情況下體驗到這種心境。人們在平靜的狀態裡感覺到別無所求、能量充沛、心安但不亢奮，身體或許疲憊，內心卻是滿足的。大多數人在生命中，多多少少都曾經歷這種體驗。

不過，大多數人對平靜有個普遍的誤解，覺得平靜是一種沒有情緒起伏、了無生趣的狀態，感受不到任何開心與不開心。人生過成這樣豈不是枯燥無味嗎？

事實上，對於內在平靜的人而言，他們也能享受快樂的感覺，但不阻礙快樂的消退；他們也會受到負面情緒的衝擊，但並不抗拒負面情緒的到來。我的臉書粉絲頁上有一位朋友對平靜描述得很貼切：

平靜是一股溫柔而堅定的力量。

就像承受海浪衝擊的岸邊礁石，不論是大浪來臨，或是風雲安定的日子，它有一股自信，波光粼粼矗立岸邊。

快樂與不快樂都是自然的情緒，既來既往，我都能感受它，也學習接納它。謝謝有情緒感受的存在，讓我更能照顧好自己，這是我心裡的平靜。

生活中，無論正向或負向的情緒經常來來去去，你無法全然決定情緒的狀態，但是平靜可以讓我們如如不動地處在當下，如實且細緻地感受它們的到來與離去。

不知道你有沒有觀察到，有些人雖然工作忙碌、肩負重大的責任，卻鮮少在他們身上看見疲憊不堪、慌亂匆促的樣子。有些人即使生活面臨挑戰，有時也會聽見到他們喊累、想休息，卻不曾看見他們因為情緒化而失控的行為。有些人塞在看不見盡頭的車陣中，依舊心平氣和地握著方向盤、穩穩踩著煞車，沒有惱怒、沒有咒罵，就只是安定地處在當下，等待前方的車輛再次前進。

他們肯定都感受到了當下的負面情緒，但平靜讓他們的內在撐出一個更大的空間，涵容各種浮現的情緒，不至於被情緒擊垮。因此，擁有平靜就如同成為情緒的主人，掌握情緒表達的能力，不被情緒所奴役。正如同聖嚴法師面對攸關生死的重大議題時，依舊能夠輕輕提起，輕輕放下。

找回內在的平靜

平靜是人們與生俱來的內在狀態，只是我們在成長的過程中，不自覺遺失了這一份美好的能力。因此，我們不需要用力往外索求，而是**重新回到自己的內在去尋找。**

好消息是，我們的確可以透過練習重新找回這一份珍貴的能力。這本書的每一個篇章，都是在陪伴你練習找回內在的平靜，而這些策略不需要你去改變外在環境、購買額外的產品，甚至不需要等待什麼良辰吉時的到來，最重要的是你的「意願」，只要你願意，無須任何人的允許或協助，隨時隨地都可以陪伴自己練習找回內在的平靜。

不過，千萬不要心急。再怎麼有效的策略，都需要持之以恆的練習才能奏效。請記得：**短暫的練習可以帶來短暫的狀態改變，但那只是暫時的效果；唯有持續不輟的練習，才能累積成穩定的心理素質。**

練習內在平靜的三種模式

現代的3C產品大致上有三種充電方式，分別是：超級充電、一般充電，以及透過太陽能來進行緩慢但持續的涓流充電。這些充電方式也可以用來形容我們練習內在平靜的方法：

超級充電

現代生活有各種心靈成長課程，這幾年也有很多人喜歡為自己安排一段時間到禪寺參加靜修營。透過講師的帶領與眾多同學的共同學習，讓你在短時間內獲得想法上的改變，並幫助身心達到放鬆的效果。這種短時且密集的學習方式比較像是技術新穎的超級充電。

不過，我們畢竟要兼顧生活與工作，無法頻繁參加課程。假如離開課程後沒有持續複習、練習，課堂上的學習和體驗，很快就會還給講師了。

一般充電

閱讀的時候，我們一方面透過書裡的內容與自己對話，產生想法上的變化；一方面藉由練習書中提供的策略，來幫助自己達到放鬆身心的效果。這個過程必須由你自己來消化、體驗，達到融會貫通，速度可能不如他人的引導來得快，所以稱為一般充電。即使如此，藉由規律的閱讀與練習，能夠在日常生活中持續陪伴自己做練習，長時間累積下來的成果是不容小覷的。

涓流充電

之所以努力閱讀與練習，都是為了要提升生活、工作或人際關係的品質。當你刻意提醒自己將所學運用在日常生活中，時時刻刻對自己的內在保持覺醒的態度，正所謂「從知道到做到」，讓日常生活成為時時修練的道場，如此一來便能貼近

「生活即修練、修練即生活」的境界。

當生活與修練的界線逐漸消失之後，你就像是擁有太陽能充電的功能，無時無刻都維持在雖不明顯、卻持續提升電量的狀態。

起初，我們很難捕捉到每一個掠過心頭的情緒，時不時就可能被情緒所擾動，這是很正常的現象。慢慢地，你會對內在的情緒越來越敏銳，也更能覺察是哪些因素引發了你的情緒反應，甚至可以掌握自己的情緒變化歷程，提供這些情緒一個暫時停留的空間，然後進一步思考：「我的內在發生了什麼事？我可以如何表達情緒？如何表達才不會讓事情變得更糟糕？」

當然，你不需要（也不太可能）每一刻都保持如此清明的狀況，但只要多數時刻可以擁有這樣的能力，就能夠大大改善你的情緒品質，幫助你在各種狀況下，身心都能處在相對穩定的狀態。

從學習的效率高低來看，結果可能依序是：超級充電↓一般充電↓涓流充電。但若從學習的成效大小來看，往往是：涓流充電↓一般充電↓超級充電。

所以請不要低估了自己在日常生活中所投入的努力，持續練習，一定可以幫助自己逐漸找回內在的平靜。

第17章 接納自己

你不需要活得完美，但可以讓自己活得更完整。

你曾經因為類似的情境感到困擾嗎？

- 明知道對方沒有惡意，但他的一句話卻讓你感到痛苦，久久難以平復。
- 明明對方表達不介意、沒關係，你卻依舊感到自責、困窘不已。
- 在某些情境下覺得吃虧、受傷，卻因為當下沒有做出適當回應，後續對自己感到生氣、憤怒。

事情已經過去了，我們的情緒還過不去。很多時候，就連事件相關的當事人也早就離開你的生活，但那些殘留在生命中、揮之不去的負面情緒卻緊緊跟隨著你，成了引發負面情緒的壓力來源之一。

假如你想從這些已經過去的事件中討回公道、為自己辯解，往往都是徒勞無功。因為你是用當下的力量，去處理存在過去的事件。

陰魂不散的老舊情緒

曾經有一個學員在課堂上提到，小時候因為偷家裡的錢去買玩具，回家後被父親發現，父親盛怒之下一手揪住他的頭髮，一手用力賞了他好幾個巴掌，然後將他鎖在家門外，命令他把玩具退回商家，把錢要回來。

當時的他站在家門口，心裡滿滿困窘。一方面覺得去退錢很丟臉，卻又害怕不照做就無法進家門，會被父親罰得更重。後來他硬著頭皮，帶著布滿紅腫巴掌印的雙頰，抓著玩具回商店退錢。退錢的過程並不順利，因為老闆堅持包裝盒拆開就不能退貨了。當時店裡還有一些長輩在聊天，好幾雙目光緊盯著他紅腫的臉頰，有人帶著嘲諷的口氣追問他被打的過程，還有人說他是壞孩子，被打是活該。

這件事情成了他生命當中一個羞愧的印記，雖然他不喜歡被處罰，但是他卻更討厭那一個被甩巴掌、關在門外、被大家取笑的自己。

多年後，他為自己爭取到薪資優渥的工作、並逐步升上公司高階主管。他經常捐錢做公益，也利用工作之餘擔任志工，服務弱勢族群，成了許多人眼中的熱心青年。但是他依舊不喜歡自己，他經常想起過去那個因為偷竊被處罰、羞辱的小男孩，也覺得自己一定無法成為稱職的父親。他的注意力一直被困在過去與未來，無法安然活在當下。

雖然他知道自己已經長大了，不會再有童年脫序的行為，但他感到納悶：為何那一段記憶中的羞愧、自責、自我否定的負面情緒，始終陰魂不散？

情緒有兩個層次

我們可以透過兩個層次來認識情緒。第一層次的情緒通常是由某些刺激所引發，屬於普遍且自然的反應，多數人面對同一件事情時也可能會有相似的情緒，隨著時間過去，情緒的強度也會逐漸減弱。好比說：

- 一個人因為分手而感到寂寞、失落。
- 學生因為考上第一志願興奮不已，在同學面前表現出開心的行為。
- 因為要上台報告業務內容而焦慮到徹夜難眠、食不下嚥。
- 因為對方太晚回覆訊息感到擔心。

第二層次的情緒則是攀附第一層次的情緒而衍生出來，也就是「關於情緒的情緒」，通常與個人解讀情緒的觀點有關，包括你如何看待某些情緒，以及浮現這些情緒的自己，而這種情緒未必會因為時間的過去而減弱。好比說：

- 一個人因為分手而感到寂寞、失落，卻又覺得有這些情緒的自己很沒用，所以對自己感到生氣、丟臉。
- 學生因為考上第一志願興奮不已，在同學面前表現出開心的行為，但緊接著對於自己在落榜的同學面前表露開心而感到羞愧。
- 員工因為要上台報告業務內容而感到焦慮，卻又因為這一份焦慮而否定、責備自己。
- 因為對方太晚回覆訊息感到擔心，並且產生不被對方尊重的猜測，引發憤怒的情緒。

前面提到那一個偷錢被父親逮到的小男孩，被處罰的當下感到羞愧與恐懼是屬於正常的情緒反應。但是他對「被處罰、嘲笑而感到羞愧的自己」的負面評價卻引發後續更強烈、更持久的負面情緒。

「惱羞成怒」也是一個典型的例子。做錯事情被糾正本來就會有羞愧的情緒，假如你能夠承認自己的確做了某些不適當的行為，接納自己偶而會犯錯，提醒自己下次要多留意一些，這個羞愧的情緒就會慢慢退去。倘若你把別人的糾正當成是一種詆毀，也對於被糾正的自己感到丟臉，這股不舒服的情緒就可能逐漸醞釀，然後化為怒氣，進而攻擊別人或自己。

又好比說，有一位女性提到當她關心先生時，對方以不耐煩的語氣回覆，讓她感到快要抓狂。雖然她知道先生一直以來就是這樣，這與他的原生家庭互動方式有關，但理解歸理解，對方的態度總是讓她難受好幾天。

其實對多數人而言，對方的語氣和態度的確會影響我們的心情，但是何以她的情緒如此強烈而且持續的時間這麼久？我在與她對話的過程中發現，原來當先生回應的口氣不佳時，她會立刻連結到自己是一個沒有價值的人，覺得一定是自己不夠好，所以別人才會這樣對她說話。而這些「覺得自己不夠好」的想法，往往來自於童年被重要他人對待的方式，卻一直伴隨著她成長、踏入婚姻。

從這些情境中可以發現，讓負面情緒無限延伸的正是第二層次的情緒。

由於第二層次的情緒是透過解讀事情的觀點而來，而這些觀點通常挾帶著自我否定的聲音，以至於我們無法接納自己。假設觀點沒有改變，無論事過境遷多少年，這些負面情緒非但永遠不會消失，還可能持續擴散到生活其他面向。

接納，才能活在當下

「我要如何放下過去，不讓過去的情緒影響現在的自己？」關於這個問題，或許你唯一需要做的事情就是學習接納自己。

接納是指**承認並接受某件事情的確發生過，但不需要加以評價或分析。就只是單純地「知道」就好。**

承認曾經做過某些讓自己後悔的決定，承認某些決策的確讓自己受苦，承認某些事情讓自己難受，承認事情的結果與自己的期待不同。知道有這些事情的存在就好，但不需要對自己大肆撻伐、批判。

這些對內的攻擊除了會給自己帶來無以復加的痛苦之外，也讓你困在過去的事件，並且對未來感到無望，沒有任何正面幫助。

假如希望避免重蹈覆轍，你需要的不是攻擊自己，而是學習反思：承認並檢討過去的行為，覺察自己的盲點，並且探索更適當的行動方式，如此才能專注當下，過好眼前的生活。

過去的都已經過去了，未來的也還沒有到來，我們可以把握的其實只有當下。

接納，也是與自己和解

回到那一位被困在童年記憶裡的學員。

參加紓壓工作坊之後，他寫了一封信給我。信裡面提到某天晚上做了一個夢，他在夢境中與小時候被關在門外的那個自己相遇。

他蹲下身子，用消炎軟膏幫小時候的自己輕輕塗抹紅腫的臉頰，並且牽著他的手去向店家道歉，把錢拿回來。回家路上，他買了兩支巧克力雪糕（從小時候到現在他都喜歡這個口味），陪伴眼角還有些淚水的小男孩，肩並肩坐在公園的長凳上吃冰。

看著身旁那一個睫毛修長、開心吃著雪糕的小男孩，他心裡困惑：他怎麼會偷錢去買玩具呢？他到底在想什麼？

幾乎就在同時，小男孩轉頭望向他，用稚嫩的聲音問他：「你這幾年心裡是不是很難受？」

他愣了一下，不知道該怎麼回應。

「對不起，我不應該偷錢的，害你過得這麼辛苦。」小男孩低下頭。

他聽著小小年紀的自己這樣說話覺得有些心疼，輕輕地摸摸小男孩的頭。

小男孩有點好奇地問：「那你現在還有偷錢嗎？」

他忍不住笑了出來。「沒有喔！我現在很努力賺錢，想要的玩具直接用買的就好。然後我有去陪伴很多小朋友聊天，幫他們上課。」

「哇，好厲害喔！你怎麼辦到的？」一雙水汪汪的大眼咕溜溜地望著他。

他向小男孩分享了自己後來的成長與改變，小男孩充滿興致地聽著。

聽到一個段落，小男孩將小小的身軀輕輕依偎著他，對他說：「現在的你真的不一樣了，你會反省自己，不僅很照顧家裡，也成了一個願意幫助別人的大人。所以你不要再對自己生氣了，好不好？」

聽到這一段話，他頓時溼了眼眶。

「沒事的，你做得很好呀。你是很棒的大人，你也值得被鼓勵哦。」小男孩說著，從口袋掏出一顆汽水糖果給他。

他接過糖果，擁抱那一個天真的小男孩。

那一天清晨醒來以後，他發現自己睡了很沉、很沉的一覺，已經好久沒有如此放鬆的感覺。一直以來烏雲滿布的內心，似乎也綻放出些許陽光。

在信件的最後，他與我分享一句話：**你不需要活得完美，但可以讓自己活得更完整。**

很多時候，無法從過去的事件當中放過自己的人，其實就是我們自己。假裝這一切沒有存在過的代價，就是得耗費很大的力氣去掩飾、偽裝，使得生活戰戰兢兢。接納並不等於歡迎事情發生，而是正視並承認那些我們曾經做過的事，以及發生在我們身上的事；知道就好，但毋須貼上任何標籤或評價。

練習這樣提醒自己：**行動、情緒、過去曾經發生的事情……都只是生命中的一部分，但不完全等於我這個人。**此刻的你，也可以選擇把力氣投注在對你自己、對他人更有益的決策與行動上。

第18章 減法生活

你對這些日常生活的情境是否有些熟悉：

- 新買的鞋子擺不下了，就再買一個更大的鞋櫃來放。
- 網路速度不夠用了，就花更多錢升級更大的頻寬。
- 工作壓力太大了，就去購物、吃美食、買按摩椅。
- 看到正在打折的商品，不管用不用得到，就想要放幾個到購物車。
- 時時督促自己：不可以滿足現況，好還要更好，要持續追求卓越。

覺得生活有哪些地方不太滿意，就去找一些事情做，買一些東西，增加一些什麼，努力讓生活變得更像是自己所期待的樣子，這就是典型的「加法生活」，也是多數人習以為常的生活模式。就如同玩蹺蹺板，每次失去了平衡，就往另一端多加一點重量，重新取得平衡。你覺得這一切理所當然，然而長時間累積下來，蹺蹺板負荷的重量卻越來越沉重。

想要的，往往多過需要的

從小，我就夢想擁有一間專屬於自己的書房，裡頭有偌大的書櫃牆，擺放滿滿的書籍、漫畫、公仔與模型，想像自己在裡面優雅地閱讀、聽音樂。努力工作多年之後，我真的實現了這個夢想，我在自己的房子裡打造了一間小時候夢寐以求的書房。全盛時期，我的書房裡有將近兩千本藏書，還有許多小時候很想擁有、卻不敢開口向父母親要的積木和模型。

然而這個夢想才維持沒多久，差點就變成一場惡夢。

二〇一六年二月六日清晨，南部發生一場嚴重的地震。當天晚上我在書房裡看書看到睡著了，一陣陣劇烈的搖晃將書架上所有東西掃落滿地，過程中我幾乎就要被倒塌的書架與大量物品活埋，我狼狽地逃出書房。

隔天一早，當我走進滿目瘡痍的書房才發現：散落滿地的書籍中有許多我根本未拆封，有些是重複購買，還有些我根本想不起來當初為何而買。

我們從小就在加法生活中長大，努力取得更高的學歷、薪資更高的工作、擴大交友圈、增加身上的頭銜、換更大的房子與車子、累積更多的存款……，只要能夠擁有更多，好像就等於生活得更好、更安心。

擁有優渥的生活條件當然很舒服，但仔細想想：**你真的需要這麼多資源嗎？**

住在擁有好幾個房間的房子，每一間房間都會經常使用嗎？鞋櫃裡這麼多雙鞋子，真的每一雙都有善加利用嗎？你有善用辛苦賺來的財富，讓自己的身心更健康、情緒更穩定、生活更自在嗎？好不容易才入手的頂級手機，真的有比前一支手機為你解決更多問題、帶來更多便利嗎？你的事業成就，有為你創造富庶的心靈，建立更真誠且互相關愛的人際關係嗎？

假如答案是否定的，或者雖然這些成就、財富的確帶來某些不錯的生活品質，卻犧牲了更重要的健康、人際關係、自由或意義感，那麼你覺得投入這麼多的生命與力氣追求「多還要更多」，真的值得嗎？

捨棄，是艱難的功課

再回到那個地震過後慘不忍睹的書房。

當我要整理房間的時候遇到一個困難。我從地上撿起一本許久未翻過，甚至毫無印象的書，本來想放進回收的紙箱，但隨手翻了幾頁，心裡卻浮現猶豫：「還這麼新就要處理掉，太可惜了吧？」「會不會哪天又派上用場？」「封面很美耶，先擺著吧，就算用不到至少看起來賞心悅目。」想著想著，就保留下來了。

就這樣，我獨自在房間待上好幾個小時，翻遍了散亂在地板上的每一本書，最後卻連一本書都沒有清理掉。

許多人在生活中也有類似的經驗：

- 每當你想要清掉一件許久未穿、也已經穿不下的衣服時，內心總會說服自己：「嗯……再過幾個月我一定會瘦下來，那時候就可以穿了。」
- 明明想回絕某個自己不喜歡的請託，卻又擔心會因此失去朋友。
- 因為擔心錯失某些新聞或訊息，所以整天盯著螢幕，放不下手機。
- 房間裡堆積許多當初不知為何而買，並且許久派不上用場的東西。

這種難以捨棄的行為，反映出個人內在「不清楚自己到底需要什麼」，以及「不知道什麼對自己才是重要」的困境。這也意味著，我們喪失了從許多事物中篩選出對自己真正重要的東西的能力。

用減法生活來提升生活品質

加法生活致力於「滿足慾望」，減法生活則是「探索需求」。前者專注在「想要」的層次，也就是所謂的慾望，而後者則是更深入地傾聽內在的「需要」，亦即真實的需求。

人類可以有無限的慾望，但生活中的時間與空間卻是有限的。

你選擇在家裡堆積更多東西，能自在活動的空間就越少；你選擇滿足更多他人的期待，能夠留給自己的時間就越少；你選擇事事在意他人的評價，能關注自己的力氣就更少；你選擇投入在工作的心力越多，能陪伴家人的能量就越少。想要減少生活中的壓力、節省不必要的花費與力氣，就要探索自己真正的需要、減少不必要的想要，如此才能為你的生活環境、時間與內心騰出更多的空間。

偶爾滿足內在的慾望是很棒的享受，好比說：小時候動用存了好久的零用錢去買一本新出刊的漫畫；等了一星期才終於看到的心愛的影集；段考後跟好朋友一起去看一場電影⋯⋯。

倘若感到有慾望就想盡辦法滿足，不僅無法延宕也無法篩選，就等於是被慾望牽著鼻子走。有些人明明手機才剛換沒多久，功能與速度還很順暢，但只要得知新款手機發表的訊息，就非得跟上最新型號。現在的手機動輒數萬元，即使這筆花費已經造成生活上的負擔，還是覺得非換不可。諸如此類的慾望在生活中可能會越來越多，我們也在無形間被自己的慾望綁架。

加法生活還有一個不容小覷的破壞力。由於我們總是渴望「想擁有更多」、

「想過得更好」、「想變得更優秀」，這種渴望同時也暗示自己是匱乏的、不夠的、不好的，因而讓我們感覺到生活總是有所欠缺，無法停下腳步好好享受當下擁有的生活，並且不斷鞭策自己更努力。**當你的內在經常處在匱乏的狀態裡，就註定與放鬆及幸福的感覺漸行漸遠。**

十九歲那一年，我曾經以社工實習生的身分訪問過幾個家庭。他們的經濟狀況都比一般的家庭來得糟糕，幾個孩子擠在一張餐桌邊寫作業，一家人擠在同一個小空間裡吹著功率不足的老舊窗型冷氣，從學校或機構帶回來的餐點分成幾等分給全家人一起享用。但是他們相當珍惜並善用擁有的物質，孩子各方面的表現良好，父母也努力在有限的能力下盡所能維持家庭生計。生活雖然過得辛苦，家人之間的感情卻是緊密、和樂的。

練習只留下重要的人事物

減法生活並不是隨便捨棄，也不是卯起來把東西全部丟掉，或是切斷所有人際關係從此離群索居；另一方面，減法生活也不是都不買東西，或者不追求任何目標、理想。

減法生活的精神是：**學習傾聽內在的聲音，探索自己的需求，然後練習在生活**

中留下對自己真正重要的人、事、物。

後來我下定決心，凡是兩年內完全沒有閱讀過或重複購買的書籍，一律出清（賣到二手書店、捐給圖書館或送給回收業者）。就這樣，我一口氣清掉大約一千三百本書，整個房間頓時整齊、清爽許多。後來我更為自己立下「想要買幾本書之前，就要先出清幾本書」的購書原則。

從那時候到現在已經過了好幾年，過程中偶爾會有一、兩本書需要用到時卻發現賣掉了，但遇到這種狀況時，大不了再去二手書店買一本回來就好。整體而言，不僅因為房間變得整齊而感到神清氣爽，工作上也沒有因為清理掉這些書變得不方便，甚至因為書櫃上的書減少了，所以可以很快找到需要的書，節省不少找書的時間與力氣。

我曾經疑惑過：如此熱愛買書的我，為什麼後來書櫃沒有恢復到原先那種爆滿的狀態？

原因是：實行減法生活之後，我在每一次買書之前都會認真思考這本書對我的**重要性與實用性**。真正重要的、必須用到的就購買，使用完畢後假如覺得再也用不到了，就賣給二手書店或捐給圖書館，賣書得到的錢又可以讓我購買下一本需要用到的書。**這種過程就很像人體內的新陳代謝，有進也有出，需要的就留下，不需要的就排出去，讓自己的生活維持在一種流動順暢的狀態。**

只是一個「減少書櫃上的書籍存量」的動作，不僅讓精神變得更好，也提升了工作效率，騰出更多生活空間。而這種動作並不局限在物質，也可以落實在人際關係、內在的慾望或資訊恐慌症等方面。

在下一個章節中，你會開始學習留意自己的慾望，並且練習如何放下這些讓我們既執著卻又感到沉重的東西，重新為自己打造自在放鬆的生活。

第19章

放下我執

性格溫和且孝順的好友罕見地與年邁的父母大吵了一架，導火線不是什麼驚天動地的大事，而是「吃飯」這一檔事。

父母親因為節儉的習慣使然，這一餐沒有吃完的菜餚就放進冰箱裡，等到下一餐或隔天吃飯時，就順手把冰箱裡沒吃完的食物拿出來加熱（經常會再加入一些新食材），再次端上餐桌。看似普遍的現象，為什麼會讓他看不過去呢？因為他發現父母總是先吃隔餐加熱的食物，結果現煮的東西反而吃不完，於是又再冰進冰箱，下一餐拿出來優先食用，就連他買了父母喜歡的美食回家，也是同樣的結果。長年下來，冰箱一打開就飄出悶臭味，父母也經常抱怨胃不舒服，但依舊不願改變這種習慣。

「為什麼放著新鮮的東西不吃，寧願每一餐都吃不新鮮的東西？」他深感心疼與不解。

減法生活的核心是「放下我執」

用不到的東西捨不得丟掉；不喜歡的邀約不敢拒絕；明明就很勉強卻還是想要滿足他人的期待；根本就不缺的東西，只不過因為優惠活動而忍不住購買的衝動……，面對這些內在的拉扯，每一個人都有許多「沒辦法，因為＿＿＿」的理由，這些理由不一定合乎邏輯，當事人卻總是牢牢抓住、無法放下。我把這種現象稱為「我執」。

什麼是我執呢？簡單來說就是「**我們的主觀意識，尤其是自己認同的內容**」，好比說：你認為什麼是對（或錯）的、重要（或不重要）的、有意義（或浪費生命）的、必須達成的、渴望滿足的、極力避免的……等等。換句話說，凡是你覺得「非得要這麼做才是對的」或者「不這麼做就是錯的」，幾乎都是我執。

不過，先別急著將我執貼上負面標籤。

絕大多數的我執通常是因為在成長過程中，貢獻了某些功能或好處，才會被我們有意或無意地保留下來。只是當它的力量過於強大、缺乏彈性的時候，我們的行動就不是仰賴充分的覺察，而是被我執所主導。

從這樣的角度來理解，父母無法捨棄不新鮮的食物，是一種我執；友人強烈想要改變父母飲食習慣的念頭，也是一種我執。當彼此的我執立場相左時，衝突於焉而生。在日常生活中，為數眾多且難以覺察的我執時不時會跳出來，對我們產生莫大的影響。

我們可以透過兩個步驟來練習覺察並放下我執：

第一步：覺察

靜下心來，試著列出你所堅持的、難以放棄的「執著清單」，包括：想要買的物品、丟不掉的東西，以及拋不開的渴望、想法、人際關係……等等。

第二步：篩選

試著設定二到三個簡單的標準，幫助自己從當中篩選出有哪些東西值得留下，以及哪些東西其實捨棄之後不僅對生活沒有影響，甚至還有益處。

放下對「物品」的我執

用不到的東西卻丟不掉，常常是基於「好可惜」的念頭。

但仔細想想，明明能作為其他用途的空間卻堆滿用不到的東西，已經用不到的東西卻囤積著（甚至放到壞掉）而不是送給有需要的人，是否更可惜？再者，照料或保養這些東西需要花費許多力氣，擁擠的空間讓你移動不方便或受傷，而把覺得丟掉很浪費（卻已經不新鮮）的東西硬吃進肚子裡，對身體健康也是一大隱憂。

有些人覺得可惜是因為捨不得東西「最美的狀態」，好比說：服務生剛端上桌的美食；包裝3C產品或奢侈品、印刷精美且八角銳利的紙盒；剛從精美的包裝取出、一塵不染的全新衣飾。其實稍微回顧一下就會知道：除非你是美食部落客，否則清除手機容量時，重複性高的美食照片經常是你優先清除掉的（頂多保留一、兩張）；那些漂亮的外盒後來是否占據許多空間並布滿灰塵？再怎麼新穎的鞋子或包包也終究會逐漸泛黃。

「新」的狀態只是暫時的，能夠充分使用物品，等壞掉之後再買新的，才能讓你的物品保持流暢的新陳代謝。

物品是拿來使用的，假如一個東西長年用不到，他對你的價值可能偏向心理或情感，而非實際功能。我習慣以三年作為劃分標準，因為現代人的衣食無虞、生活腳步也很快，有些東西可能一年內都不太會頻繁使用（例如某些服飾、書籍、家具）。但假如有個東西放在家中已經超過三年，在各種時節、重要節日，甚至日常生活中都派不上用場，那它實際的功能已經微乎其微（或許有少部分東西例外，但在這裡就不特地著墨了）。

我會用兩個步驟幫自己釐清物品狀態（見左側表格）：

清理

第一步：寫出想丟卻丟不掉的東西	第二步：連連看
舉例： • 腳踏車 • 買家電贈送的耳機 • 週年慶時買的按摩椅 • 有紀念性的禮物？	三年內曾使用過 三年內從未使用

這當中會遇到一種難以取捨的困境：有些東西雖然用不到，但是有紀念價值，就像表格裡「有紀念性的禮物」這一項。這時候你可以練習思考：如何縮小這個禮物存放的空間？有些人會選擇拍照存檔，有些人會選擇留下其中一部分，然後其他的部分就處理掉。

處理掉不是只能丟棄，也可以轉贈他人或賣給有需要的人，讓這些東西可以獲得更充分的使用。請記得：**紀念是一種心理的歷程，讓重要的人事物在你心中留下重要的記憶，比囤積物品本身更重要。**

現在換你練習看看：

清理		
第一步：寫出想丟卻丟不掉的東西		
第二步：連連看	三年內曾使用過	三年內從未使用

放下對「人際關係」的我執

許多人之所以在關係裡受苦，也經常是因為內在的某些執著：

- 想要讓每一個人都喜歡我，所以極盡所能討好別人。
- 希望別人可以聽我的話，要求他人改變。

- 希望滿足他人的期待或需求，所以委屈自己，不敢拒絕別人。
- 因為害怕孤獨，所以來者不拒。

當你把力氣都用在討好、滿足別人，就沒有力氣好好善待自己；當你期待別人可以順從你、滿足你的需求，就等於把決定情緒的權力交到別人手上；當你因為害怕獨處而對所有的邀約或人際關係來者不拒，就會耗費許多力氣在讓你覺得不舒服的互動上。

人際關係是需要經營的，我所謂的經營，並不只是局限在「成為一個讓大家都喜歡與欣賞的人」，更重要的是學習了解自己，以及探索自己適合與什麼類型的人相處。

在人際關係中，我們之所以緊抓著這些讓自己受苦的我執，有時候是來自於害怕被遺棄的恐懼，有時候是從別人的順從中感受到自我價值感，有時候是我們無法接受別人眼中那個不夠好的自己。無論如何，強迫自己與這些不尊重你、讓你感到痛苦不自在的人相處，不也是一種對生命的磨耗嗎？

接下來，請你來練習釐清自己的人際關係看看：

人際		
第一步：寫出10個你最常互動的對象	1 2 3 4 5 6 7 8 9 10	
第二步：評估	滋養、放鬆	耗能、緊繃

這裡的「滋養」是指相處的時候，能讓你覺得自在放鬆、安全、被支持、被理解，甚至能夠感覺到自己是一個有價值的人。耗能的人際關係則是充滿批判與評價，你必須有所防備，覺得緊繃與擔心，有時也讓你感覺自己是一個沒有價

值、很糟糕的人。

練習在生活中刻意接近能讓你感到被滋養、自在且放鬆的對象。至於那些讓你覺得耗能與緊繃的人際關係，能夠遠離就遠離，倘若無法避免接觸，那就用最省力的方式與他們互動就好。

我有一個好朋友在歸類人際關係時，採取一種最簡單的方式。他說，當他看到手機螢幕顯示某人來電時，假如內心瞬間浮現「煩欸，他找我幹嘛？」並且不自覺翻白眼，別懷疑，立刻將他歸類到「耗能」的類別。

放下對「後悔」的我執

後悔，是因為我們用現在的觀點評價過去的決策。

你知道嗎？就算是令你後悔的選擇，也不見得一定是糟糕的選擇。也就是說，你之所以產生後悔的情緒，有時候與你做了什麼選擇無關，而是因為你從負向的觀點來做解讀。

每一個行動都是一種選擇，每一個選擇也都會帶來不同的結果。而後悔經常是因為你專注在「失去」的面向，好比說選擇了高中，就一直幻想著讀高職應該很有趣；選擇當下勇敢表達自己的想法之後，又擔心會被別人討厭；選擇今天去A地玩，就老想著B地會不會更好玩；選擇這份工作，又心心念念另一間公司或許更值得投入。

假如你習慣這樣解讀事情，無論多麼認真做選擇，未來肯定都會陷入後悔中。因為你的觀點是偏頗且局限的：**只看見失去，卻完全忽視獲得的部分。**

想要減少不必要的後悔，最好的方式就是擇己所愛、愛己所擇，認真選擇，並且專心投注在自己的選擇上。認真地活在每一個當下，試著從當下看見學習與成長。事實上，每一個行動可能會有失去，但往往也伴隨著某些「獲得」。無論這些獲得是甜美的成果，還是令人受傷的磨難，你都能夠因為這些經歷而變得更加成熟。

後悔		
第一步：寫出5個原本令你感到後悔的事件	第二步：評估	
	失去	獲得
1		
2		
3		
4		
5		

放下我執，才能擁有更多可能

回到友人家的餐桌上。假如他的父母親能夠放下「吃不完等於浪費」的信念，妥善處理廚餘，減少冰箱裡隔餐食物的數量，不僅節能省電，也避免經常食用隔餐食物而影響健康。至於我的朋友，倘若他能尊重父母親是獨立且成熟的個體，雖然難免心疼與生氣，但在善意提醒父母之後，以「我已經盡到為人子女的責任」來取代「你們必須聽我的話」的執著，就能減少不必要的衝突。

善於放下的人清楚自己真正的需求，知道什麼對自己是重要的，並且能夠做出適當的選擇。

放下對過去的悔恨與對未來的擔憂，把力氣用來處理眼前的事；處理掉用不到的東西，讓生活空間變得更寬敞明亮；放下來自他人無盡的期待，專心做好自己能做的事；放下期待他人改變的念頭，將改變的權力握在自己手上；放下拿自己與他人比較，優雅活出屬於自己的精采；放下那些吃不下卻又覺得可惜的食物，讓身體吸收健康且適當的養分，才是最理智的選擇。

鬆開緊握的雙手，才有機會抓住更重要的東西。

PART

4

起身而行

刻意放鬆，是帶著意識去實踐對身心有益的行動。
「學習」的目的，是為了從「知道」到「做到」。
一開始的行動總是最難的，
倘若能夠從簡單的行動開始，一天做一點點，
並且持之以恆，
就可以讓正向效應如滾雪球那樣，
為生活帶來大大的幫助。

第20章 找回生活的掌控感

人們通常不喜歡處在未知或模糊的情境。

小朋友經常會問大人：「等一下要做什麼？等一下要去哪裡？」大人在面對生活的困境時，會去尋求算命或擲筊問神明。雖然真相令人害怕，但病人並不喜歡醫生以模糊的方式回應病情，他們寧可醫生清楚地說明病況、治療的策略與藥物副作用等等。

長期處在未知的情況中會令人感到焦慮徬徨、無能為力，壓力也因應而生。所以，人們會努力透過各種方式來獲得掌控感。很可惜的是，我們經常是期待改變對方來配合、滿足我們的期待。可是當你這麼做的時候，往往會覺得更無力、更憂鬱。

為什麼呢？

我們總是習慣等待外在環境改變

有一回，社區講座來了一對事業有成、已經退休的夫妻。他們有一個獨生子，年屆四十，已成家立業。兒子在事業上青出於藍，擔任某公司高階主管，年薪高達數百萬。可是夫妻倆總覺得孩子一把年紀了，行事風格老是難以讓他們放心，經常與孩子因意見不合而爭吵，他們四處參加課程，希望改善親子關係，於是我在課堂上邀請他們進行一段對話。

「你們期待改善自己與孩子的關係，對嗎？」我問。

「對啊！」夫妻倆不約而同地回應。

「你們願意接納孩子是一個成人，與你們是不同的個體，會與你們有不同想法嗎？」我問。

「當然可以啊，我們都很尊重他。」夫妻點點頭，「但是……」

「但是？」

「我是覺得他想得不夠周全啦。我們的人生經驗比他豐富，足以讓他做為借鏡，偏偏他就是不聽。」父親說。

「你們可以接受他不聽你的建議，試著用他自己的方式試試看嗎？」

「當然可以啊。」父親又點頭了，「但是……」

「但是？」

「我說你要試就去試，但是我保證你一定失敗，到時候不要回來怪我們。」

「孩子怎麼說？」

「他就不開心、不說話了。」

「你們喜歡這樣的互動品質嗎？」

「不喜歡啊。」這次換母親回應了：「但是⋯⋯」

「但是？」

「除非他願意改變！否則事情也只能這樣。」

「那你們可以接受彼此都不改變，互動關係維持現狀嗎？」

「可以啊，他想怎樣就怎樣，我們沒有差。」

「看來，這是你們目前能夠維持的狀態了。」

「對啊。」母親點頭，「但是⋯⋯」

「但是？」

「孩子變得不太願意跟我們說他的想法啊⋯⋯。」

「那你想要為你們的關係做些什麼嗎？」

「要我們做什麼都可以，」夫妻幾乎同時說：「但是⋯⋯」

「但是？」

「重點是要他先改變啊！」

談到這裡，現場一直認真傾聽我們對話的聽眾，都露出了傻眼的表情。

我相信這對父母是真的關心孩子，也想要改善關係，但他們沒有覺察到，雖然表面上付諸行動、到處參加講座，但內在卻是希望改變孩子，希望孩子符合自己的期待。孩子的行為牽動著他們的神經，也影響了他們的情緒。每一天，他們都處在「期待孩子改變，卻經常落空」的負面情緒。

換句話說，他們活在情緒由他人來決定、缺乏掌控感的生活中。

你願意為自己負責嗎？

關於「停止想要改變別人的念頭」這句話，有些人或許會感到憤怒。因為他們覺得自己曾經被辜負、被傷害、受委屈，假如對方不需要改變，那麼又有誰能來為這些難受的情緒負責？

我們總希望難受的情緒能夠有個出口，所以我們責怪他人、環境、星座、運氣……，可是這些責怪除了讓負面情緒獲得片刻的釋放之外，整體來說對生活沒有什麼益處。

享譽國際的生死學大師伊莉莎白．庫伯勒—羅斯（Elisabeth Kübler-Ross）曾說過一段很有意思的話：「一個人重複在失敗的關係裡掙扎，就好比想要在五金店買到牛奶。就算你找遍了整間店，也不可能會找到的。」[7]說得更直白一點，唯有停止重複無效的行為，才有可能獲得成功的結果。

假使你經營一間小餐館，餐館的生意一直不如預期，追根究柢之後發現，並不是因為你的廚藝不好，也不是價格太貴，而是因為你選擇了一個人煙罕至、交通非常不便利也不容易找到的地點。倘若你希望餐館生意能有起色，那麼你必須負起一個責任就是：承認當時自己真的選錯位置，並且鼓起勇氣收掉店面，重新探尋更合適的地點。

假如你一直不滿意目前的人際關係，很可能不是你對人不好，也不是缺乏人際互動技巧，而是你忽略了為自己設定適當的人際界限，以至於任何人都可以隨意侵犯你的界線、向你提出各種要求。如果你希望改善現況、經營更舒服的人際關係，那麼你就必須要學習設立界線，學會拒絕，篩選合適的對象進到你的生活裡。

假使你在目前的工作中覺得缺乏成就感，或許不是你不認真，也不是工作本身沒有意義，而是薪資對你而言真的太少了，以至於無論你如何努力投入這份工作，老是得為沉重的房租、貸款、各項支出感到心力交瘁。想要改善這種狀況，你必須認真思考開創副業，或者換一份工作。

我相信，問題或許不全然都出在你身上。可是**如果你只是期待別人改變，就等**

於把決定生活品質的權力全盤交到別人手上。

假如你希望生活能夠有所改變，期待從受困已久的窘境走出來，那麼你應該開始試著這麼思考：

- 關於這些事情，我能夠為自己負責的是什麼？
- 從此刻起，我決定讓自己的生活有什麼不同？
- 我期待能從自己開始調整的部分是什麼？

雖然別人要不要改變，不是我們能夠決定的，不過幸運的是，我們要不要改變，也不需要經過別人的同意。

- 假如你總是被某一件事、一句話、一個眼神所困住，引發難以平復的情緒，那麼你是否願意好好探索自己的內在到底發生什麼事？
- 假如你總是覺得身體莫名不舒服，是否願意找個時間接受妥善的檢查，並且

7 參見《用心去活：生命的十五堂必修課》（*Life Lessons*），伊莉莎白·庫伯勒—羅斯、大衛·凱思樂（David Kessler）著。

好好地檢視並調整日常作息？

- 假如你經常抱怨自己的體重過重，那麼你是否願意調整你的飲食習慣，減少（甚至戒掉）某些不利於健康的食物？
- 假如你經常動不動就氣喘吁吁、體力不佳，是否願意撥出時間規律地做些運動，提升你的心肺功能與肌耐力？
- 假如你的親密關係充滿指責、衝突，你是否願意停下來檢視自己的狀況，找出比較能避免衝突（而自己也比較輕鬆）的應對方式，並試著練習呢？

這些行動都無關乎他人，而是你有沒有為自己負責的意願。

讓自己成為漣漪效應的中心

世界上最難改變的人，就是「別人」。坦白說，我們也不歡迎別人想要來改變我們。

雖然我一直強調不要把力氣花在企圖改變他人，不過也別低估了你對於關係或環境的影響力。**我們在關係中雖難以改變對方，但卻可以透過善的力量相互影響。**

即使蘋果公司設計出諸如 iPad、iPhone 等劃世代的產品，也沒有辦法強迫你購買或使用，但他們藉由革新的設計，帶給使用者全新且深刻的使用體驗，進而影響了人們對手機的想像和概念，最終圈粉無數，讓許多人願意省吃儉用，甚至漏夜排隊搶購他們最新發布的產品。

又如近十年來蓬勃發展的便利商店，業者無法強迫你一定要來消費，但是店內明亮的燈光、嶄新且整齊的商品排列、多元化的服務與行銷策略，都提升了人們前往消費的意願，最終牢牢抓住消費者的心，成為許多人生活中不可或缺的一部分。

這些影響之大，甚至會讓許多原本習以為常的行為模式或傳統店家消失無蹤，重新建立起另一種截然不同的生活樣態。

真正的改變必須發自內心、從內在啟動，而不只是外在行為的調整。

假如你是老師或家長，肯定想要教給孩子更多正確且重要的知識，希望他們習得適當的行為舉止。可是如果你只是發號施令，甚至嚴厲威嚇，即使孩子表面上因恐懼而被迫調整行為，內心卻充滿抗拒和厭惡。某一天當我們不在孩子身邊時，那些被壓抑的行為很可能會變本加厲。

如果你能夠直接以尊重的態度與孩子互動，以開放的心態陪伴孩子討論，以適當的方式表達情緒，其實，你已經建立了一個最好的教育環境，進而影響孩子的身心發展。

假使你經常與伴侶（或孩子）發生衝突，縱使對方也不是一個輕易示弱或改變的人，當你調整了自己的溝通模式（就算只是在情緒激動時少說幾句氣話），都可能會減緩對方的情緒強度，進而降低衝突的頻率。

過去你可能經常為了他人的事情焦頭爛額、累得半死，倘若你願意為自己設定適當的界線，在幫助他人的同時也學習適當的拒絕，或許別人可能因此不開心，但他們也會逐漸調整與你互動的方式，也減少你在關係中的負面情緒。

嘗試做這些調整的目的並不是為了改變對方，而是努力成為自己更喜歡的樣子。不過，假如你讓自己持續往好的方向前進，在你周圍的人往往也會跟著受到你的正向影響而有所改變。

所以，以前的你可能經常抱怨「為什麼別人不改變」，現在你可以開始學習陪伴自己思考「我喜歡什麼樣的生活」、「我喜歡什麼樣的自己」、「如何行動或調整，可以讓我往更喜歡的方向前進」。

當你開始行動的時候，就等於把生活的掌控權拿回自己手上，你不僅開始學習靠近自己，也成了漣漪效應的核心，讓正向的影響力有機會觸及周遭其他人身上。

第21章 好好呼吸

如果讓你隨身攜帶一樣幫助自己放鬆的小物，你會選擇什麼呢？從這一刻開始，我希望你能夠記得：**你有一套與生俱來、輕巧又強大的放鬆工具，那就是「呼吸」**。假如你從來沒有發現呼吸能夠幫你放鬆，甚至經常忘了呼吸的存在，代表這個工具已經被你荒廢許久。

現在，是時候讓這個工具重見天日並妥善使用了。

你有發現自己正在憋氣嗎？

我經常到一所學校與老師們談話。教生物的陳主任很喜歡來找我聊天，幾乎每一次都是最早預約諮詢的人。

他說自從接了行政工作以後，每一天都感到壓力山大，所以週末都會固定去讓人按摩。為他按摩的師傅經常搖頭嘆氣地說：「唉，怎麼每次幫你鬆開了，下一次見到你，身體又硬得跟石頭一樣呢？」

「怎麼會這樣？我也不知道啊。」陳主任搖頭苦笑。

直到有一次，主任提起班上一位乖巧又體貼的學生在上學途中發生交通意外，由於傷勢嚴重，當場就失去生命跡象。由於事情來得太突然，他受到很大的打擊，後來甚至連學生的告別式都無法出席。

我說：「我不認識這位學生，光是聽你描述你們的交情與意外發生的經過，我忍不住溼了眼眶。可是我發現你在講述這件事情的時候，出奇地冷靜。」

「可能是……我不想在別人面前掉眼淚吧，所以就忍住。我好像一直都是這樣。」他說。

「這是很重要的覺察呢，請你感受一下，忍著不讓眼淚掉出來時，身體是放鬆還是緊繃的？」

「好像很緊繃……」

「有哪些部位是緊繃的呢？」

「嗯……眉心、胸口、肩膀……」然後他愣住了，「等一下！這不就是師傅經常說我很緊繃的部位嗎？」

「你覺察到了什麼，對嗎？」

「為了避免掉眼淚，我常常會憋氣，然後肩膀和胸口會跟著用力，有時候也會覺得好像喘不過氣，呼吸很不順暢。」

陳主任的現象，其實在很多人身上也會發生。當一個人覺得緊張、焦慮或恐懼時，經常不自覺地憋氣、肩頸的肌肉過度用力、悶住胸口，不知不覺就造成肌肉緊繃、呼吸不順的狀況。

那一天，我花了一些時間與陳主任分享呼吸的重要性，也引導他練習了安頓身心的呼吸之道。

呼吸，調身也調心

長時間情緒緊繃時，我們會處於過度敏感甚至有些神經質的狀態。一句原本中性的語言、眼神，都可能讓我們感到難受，甚至爆炸失控；倘若身體過於緊繃，外在輕微的刺激可能讓我們覺得格外難受，就連無意識的小動作也會造成肌肉拉傷。

身心的狀況會反映在呼吸上，好比說：呼吸短淺且急促、覺得胸悶呼吸不順暢、呼吸的聲音過大等等。從這個現象來看，當我們好好地調整呼吸，也能達到調節身心狀態的效果。

一方面，規律而穩定的呼吸，有助於平衡自律神經系統，能夠緩解焦慮的生理狀態（像是緩和心跳、放鬆肌肉），這是藉由呼吸來「調身」；另一方面，練習將注意力安頓在呼吸上，可以幫助我們從紛亂的思緒中穩定下來，這是透由呼吸來「調心」。

調身，可以幫助我們在忙碌與快速的生活步調中慢下來，細細覺察身體的感受，並且依照身體的需求來照顧自己。活在資訊爆炸的年代，大量外在刺激經常將我們的專注力撕扯成無數碎片，心思經常處於散亂與跳躍的狀態。藉由調心，可以讓我們把注意力安放在眼前重要的事情上：工作時專心工作；玩耍時專心玩耍；需要休息的時候就全然地放鬆。

這是否正是你所嚮往的生活呢？

接下來我們會開始練習專注呼吸，在這之前我要先提醒你幾件事：

一、放下不切實際的期待

有些人對於練習呼吸這件事有些挫折經驗，一方面是因為已經習慣迅速的生活步調，任何短時間內無法看見明確成效的事情，都難以持續投入。另一個讓人們無法持續專注練習呼吸的原因是，他們期待透過坐下來、安靜地呼吸幾次，就可以達到某些神奇的境界。好比說：

- 一開始就能練習好幾個小時，並且心無雜念。

- 期待消除所有負面情緒，趕走多年來的煩惱。
- 期待立刻感覺全身放鬆，消滅身體的不舒服。
- 期待能夠找到所有生命困境的解答。
- 獲得某些特異功能，例如：透視能力、預知未來⋯⋯。

假如你帶著這些期待練習呼吸，很快就會覺得失望然後起身去玩電腦、滑手機。帶著期待練習，不僅無法專注在練習的過程，你的心思也會變得很散亂，不斷地問自己：「到底什麼時候才會平靜？問題什麼時候才會有答案？怎麼樣才能不再有煩惱？我到底能不能透視眼前這一堵牆？」一旦啟動這些內在對話，你又再次陷入用腦過度的模式了。

雖然我提醒你在練習的時候不要抱著各種期待，但是**當你以單純的心態來練習時，身心自然會在這過程中穩定下來，達到安定與放鬆的效果。**

二、以觀察取代控制

有些人在練習時，為了確保注意力能集中在呼吸上，不自覺地提醒自己「這口氣一定要吸得很深，並且要緩——緩——地吐氣」、「吸氣時記得要吸飽、吸滿，然後下一口氣要吐慢一點、細一點」。當你這麼自我提醒的時候，其實你的注意力已經從「觀察呼吸」轉變成「控制呼吸」了。

呼吸是生命中無時無刻都在進行的行動，只要你還健康地活著，呼吸就會自然進行。你走路的時候呼吸在，休息的時候呼吸也在；你與朋友開心相聚時呼吸在，夜深人靜當你獨處時呼吸也在；此刻你正在閱讀這本書時，呼吸也依然存在。

因此，你不必為了練習專注呼吸而刻意用力吸氣、呼氣，你就只管放輕鬆、友善地歡迎下一口呼吸到來；**吸氣的時候感受到自己正在吸氣，呼氣的時候感覺到自己正在呼氣**，這樣就可以了。

無論這一次呼吸如何，下一口呼吸又是全新的開始，假如我們刻意控制呼吸的力道，企圖讓每一次呼吸都長得一樣，並且誤以為這樣就等於擁有平穩的身心狀態，那樣就太用力了。

三、不要評價

呼吸是一種自然且中性的現象，沒有好壞對錯之分。

但是開始練習之後你會發現，要專注練習呼吸一段時間（就算只有短短五分鐘）真的很不容易。因為我們已經太習慣步調倉促、意念紛飛的狀態。剛開始練習會覺得不太順暢、不容易靜下心、不自覺想要看看還剩多少時間，這些都是很正常的現象。正是因為我們有這些慣性，才需要刻意練習專注呼吸。

假如你在練習時給自己貼上標籤「這樣呼吸是錯的」、「這次練習真糟糕」、「我真的沒有慧根」，這些都是你給自己的評價，連帶引發不必要的負面情緒。如果你練習了很久依舊無法專心，那也無須自貶，我們可以在練習之外思考一下：是否因為外在環境或身心狀態種種因素，導致這段時間的練習比較困難？

找到原因，幫助自己持續練習才是最重要的。至於過去有哪幾次練習的狀況不好、專注在呼吸上的頻率高或低，都不需要掛在心上。

四、從規律固定到隨興所至

能夠將一種行為隨時隨地落實在日常生活中當然很好，但假如你從來沒有練習過專注呼吸，想要把這件事情變成習慣就需要刻意練習。

每天在同樣的空間、時段，反覆練習同樣的行動，是建立習慣最重要的方式。熟悉的情境不僅讓你安心，時間久了之後，每次到了特定時段、進入特定空間，你就會自然啟動專注呼吸的行為。一旦養成這個習慣，即使不是在練習的時段或空間，只要你願意，隨時都可以提醒自己：不妨現在就來專注呼吸吧。

以我自己為例，除了每天規律練習呼吸的時段之外，我在日常生活中只要一有空檔，就會有意識地提醒自己練習專注呼吸，好比說：

- 在月台上等待列車進站時。
- 開車或騎車停等紅燈時。
- 在演講即將開始之前的空檔。
- 在便利商店排隊等候結帳時。
- 追劇時的廣告時間。

來，開始練習吧！

為了可以幫助你更順利地練習，這裡有一些重要的步驟：

一、**選定空間**：找一個能讓你放鬆、安心的空間，一來有利於進入放鬆狀態，二來也避免練習過程中被打擾。例如：書房、臥室、個人辦公室。我有一位學員是公車司機，他都利用每天清晨發車前十分鐘，在安靜的公車駕駛座上練習。

二、**調整坐姿**：讓自己坐得穩定、舒服，才不會剛要靜下心就因為腿疼、腰酸背痛而打退堂鼓。

- 你可能聽說過散盤、單盤、雙盤等坐姿，不過其實你也可以找一張舒服的椅子或瑜珈墊，讓自己放鬆坐著就好。

- 試著讓背部挺直、肩膀放鬆。經常駝背或身體歪斜可能會引發肌肉痠痛或受傷，要小心避免。
- 躺著練習固然舒服，假如可以順便睡一覺就更棒了。但是睡著只是練習的「附加價值」，倘若每次你都很快入睡，就無法達到專注的效果。想要練習從紛擾的思緒中讓心穩定下來，建議還是坐姿為佳。最佳原則就是：**維持既放鬆卻又保持些許警醒的坐姿**。

三、減少干擾：練習時盡可能減少外部干擾，請將手機設定成飛航模式，關閉任何會發出提示音的電子產品。我有一位學生每次練習的時候，就在房門上掛著「練習中，請不要叫我」的手寫板來提醒家人。

四、設定時間：雖然前面提到要減少干擾，但這裡有個例外：

- 現在大概已經很少有人使用鬧鐘，請你利用手機的時間APP，設定五至十分鐘（這個長度對多數初學者已經有相當的難度）。
- 設定鬧鐘時間可以讓你專注練習，不需要分心注意時間。

五、專心一致：坐定位、設定時間後，你要做的事情只有一件——專注呼吸。

- 觀察並感受每一次的呼吸，吸氣的時候感受吸氣，呼氣的時候留意空氣慢慢呼出去。
- 無論心裡浮現任何想法或畫面，這都是很正常的現象。你只需要提醒自己，把注意力再帶回到呼吸就可以了。

- 時間一到，鬧鈴響起，就緩緩地睜開眼睛，停止練習。像是剛做完運動一樣，讓自己在原地緩和地動一動，將注意力慢慢地拉回當下，然後才起身回到日常生活。
- 不要因為覺得這次練習很「成功」就想延續氣勢，也無須因為練習不順心就想多撐幾分鐘來「挽回頹勢」。藉由練習培養專注呼吸的習慣就是最重要的目的，而不是為了解鎖成就或是要證明什麼。

現在，請你為自己規劃三個每天刻意練習的空間與時段：

（例如：書房，七點〇分到七點十分；臥室，二十一點五十分到十點〇分）

我的專注呼吸練習計畫

1. 空間：＿＿＿＿＿，時間：從＿＿點＿＿分到＿＿點＿＿分
2. 空間：＿＿＿＿＿，時間：從＿＿點＿＿分到＿＿點＿＿分
3. 空間：＿＿＿＿＿，時間：從＿＿點＿＿分到＿＿點＿＿分

第22章 「走」出負面情緒

生活中難免會遭逢憂鬱沮喪、做什麼事都提不起勁的低潮期。有時也會陷入心煩意亂、無法清楚思考的混亂時刻，這時候做任何事情都覺得特別不順心，就連要安靜坐下來沉澱一下，也會因為心浮氣躁耐不住性子。

即使是身為心理師的我，有時候也會因為工作或生活遇到瓶頸，因而陷入動彈不得的困境中。每當遇到這種狀況，我最需要做的事情就是率性放下手邊的工作，出去走一走。

我很喜歡走路，也從這一件極為簡單的事情中獲得許多正向回饋。很多時候走一走，真的就「走出」負面情緒了。

走出難受的情緒

平常我習慣在清晨五點醒來，刷牙洗臉後喝一杯溫開水，然後穿上運動鞋出門走上五千步，回家後先沖個溫水澡，吃一頓簡單的早餐，接著開始閱讀與寫作。有工作的時候，如果時間允許，我會走路前往當天工作的地點，或者在回程途中提前幾站下車，再走個幾千步回家。如果是工作量比較大的忙碌日，我會刻意利用中間休息的時間出去走一小段路。即使是遇到不方便出門的下雨天，我也會在家裡有限的空間中來回走路。除此之外，舉凡工作或寫作間的空檔，我也會以走路取代躺在沙發上看電視或低頭滑手機。

已經忘了從什麼時候開始，走路成為我生活中不可或缺的一部分。每一次當我遇到困難或有煩心的事情卻束手無策時，就會穿上運動鞋出去走一走。

意想不到的是，在雙腳重複著簡單交替動作的過程中，原本紊亂的思緒與煩悶的情緒往往會隨之沉澱下來。在情緒回歸穩定之後，內心也重新長出了與自己對話的空間。

這個時候我會問問自己：

- 剛剛的負面情緒，是因為我在意什麼？
- 關於這件事，我被困住的觀點是什麼？
- 在這些情緒裡，我希望被理解的是什麼？
- 剛剛的行動有清楚表達我的想法或需求嗎？

●下次再遇到同一件事，如何因應會更適當？

提出這些問句時，我像是陪伴一個充滿挫折的孩子對話。我蹲下身子專心傾聽他的聲音，凝視他泛淚的眼眶、倔強的表情，以充滿關心的語氣鼓勵他說說話。無論是否得到答案，我都會給他一個溫暖的擁抱。

經過這趟一邊走路、一邊與內心對話的時光，當我回到家的時候，無論是情緒或思緒都已經回歸穩定與平靜的狀態。

有時候走著、走著，就連與自己的對話都還沒展開，可能就忘記了剛剛為什麼會陷入某個情緒裡。而且，就算想不起來引發負面情緒的原因也沒關係，由於關注的焦點已經轉移了，所以整個人也覺得輕鬆許多。

知名的韓國演員河正宇是喜愛走路的狂熱分子，他在《走路的人》一書中說：「走完路之後原本煩惱的思緒變得模糊了，雖然煩人的事情依舊存在，但壓力與負面情緒卻不如一開始來得這麼沉重。」

深受無數人喜愛的主持人歐普拉也曾分享過，覺得煩躁與焦慮的時候，假如想要找回自己的節奏，最快、最有效的方式就是出去走走路，同時特別留意自己的呼吸與心跳。

走出困住的思緒

對於特別仰賴腦力工作的人而言，設計不出方案、找不到思緒或靈感、想不出回應主管或客戶的內容時，內心的壓力肯定不小。這時候，你一定會更聚精會神在眼前的問題，更用力地思考，希望可以努力擠出一點什麼，好讓你能順利交差。

不過我要提醒你：假使你已經專心思考了好一段時間，卻怎麼樣也想不出答案、擠不出靈感的時候，千萬別猶豫，趕緊起身離開桌面、電腦，出去走走吧！

芭芭拉．歐克莉（Barbara Oakley）在《大腦喜歡這樣學》（*Mindshift：Break Through Obstacles to Learning and Discover Your Hidden Potential*）當中強調，有效學習的思考包含兩種型態：專注模式（focused mode）與發散模式（diffused mode）。前者是針對某個議題，在有限的範圍裡進行專一且深入的思考，目的是幫助自己獲得重要的結論；後者則是在某個議題上任由思緒發散、漫遊，以收集廣泛的資料，這是長出靈感與創意的思考模式。

我對於這種交替學習帶來的效果深有共鳴。每當我在苦思一堂新課程、寫文章遇到卡關、缺乏靈感的時候，就會起身離開工作的空間，穿上運動鞋到外面走一走。在走路的過程中可以讓專注模式暫時退場，藉由簡單的身體活動、大腦壓力的釋放，以及五官接受到環境中的豐富訊息，促進發散模式的執行。常常在走路的過程中，原本枯竭的思緒就會一點一滴湧入靈感，困頓的思緒也重新活絡起來。

你知道嗎？世界上有許許多多偉大的創作與發明，包括風靡全球的益智玩具魔術方塊、膾炙人口的經典作品《田園交響曲》、音樂劇《漢彌爾頓》、可以殺死致命細菌的盤尼西林，以及許多深植人心的作品（還包括某些獲得諾貝爾獎的研究），都是人們在散步的過程中獲得的啟發。

包含已故的蘋果創辦人之一賈伯斯（Steve Jobs）、知名搜尋引擎Google等許多企業界高階主管，都是走路的愛好者。他們會像是安排工作或重要會議那樣，規律地撥出時間去走路。國外有許多頂尖企業、科技公司會在建築物附近打造適合走路的綠色空間或步道，鼓勵員工在工作之餘去走走，讓腦袋重新回歸活躍的狀態。

走出無能為力感

面對看似無止盡的貸款與帳單、想不出問題解決方式、找不到靈感、找不到具體原因的身體疼痛……等，都會讓人感到無能為力，持續累積的無力感會讓人感到失去希望，進入憂鬱狀態，覺得動彈不得，好像什麼事情都做不了。

曾經有一位長期因病所苦的女孩與我分享，在病情嚴重的那一段時間，她失去了工作與運動的能力，就連以前稀鬆平常的姊妹聚會也難以出席。於是，每一天藉由輔具到外面走幾圈、呼吸新鮮空氣，是她覺得自己最有力量的時刻。

「幸好那時候，我還有拄著枴杖到外面走一走的力氣。」我還記得她在說出這句話時，語氣中充滿著希望感。

所以，當你覺得動彈不得、懷疑自己好像失去行動力的時候，一定要告訴自己：**那只是壓力所引發的情緒感受，不等同於你真實的狀態。**

請記得你擁有一個既友善、又強大的朋友——走路。

你**可以**現在就站起身，暫時離開困住你思緒與情緒的空間。

你**可以**不受任何交通工具的限制，只要想走，就**可以**一步一步持續往前。

你**可以**在走路的過程中感受到自己的呼吸與心跳，也**可以**感受到腳底與地面接觸的感覺。

你**可以**因為好奇而轉進一條平常不曾留意過的巷子，也**可以**找一段上坡路段，提升走路的力道，感受腿痠、心跳加快、胸腔明顯起伏的感覺。

說真的，每天忙於工作的你，是不是也對身體各部位的感受變得陌生了呢？

千里之行始於足下。你**可以**抬起你的腳，往前跨一步，再跨一步。無論生活遇到哪些困難，走路依舊是**可以**由你自己主導的事。

走進獨處的空間

身為現代人的我也一樣被科技產品制約了，只要一聽到震動或鈴聲，注意力立刻就會被手機拉走。有時候明明下定決心寫完一篇文章，卻經常被螢幕上的某些訊息吸引住，著了魔似地不停瀏覽網頁，完全忘了原來設定的任務。所以想要放空腦袋、讓心恢復平靜而出門走路時，我會刻意把手機放在家裡。

我特別喜歡一個人出門走路，不僅省下與他人互動的力氣，也可以放鬆嘴角與臉頰，不需要思考如何回應他人的問題。

許多人在獨自旅行的過程中，都曾經歷一種共同的體驗：**獨處的時後，特別容易聽見自己內在的聲音**。生活環境充滿別人的聲音、別人的期待，我們不得不去回應對方、照顧對方，甚至耗費許多力氣在人際之間的攻防戰。在這種情境底下，我們往往不自覺忽略自己的聲音，失去與自己的連結。

藉由走路的時光，你可以讓臉上的肌肉呈現最放鬆的狀態，用自己喜歡的速度行走，任由腦袋裡的白日夢自在翱翔。你可以有時間好好地思考自己的工作、生活，以及最近遇到的挑戰。當然，你也可以什麼都不去想，就只是專心呼吸、專心走路。

假如你覺得生活中肩負著太多他人的期待，經常需要照顧別人的需求與感受，這樣的你更需要空出時間出去走走路，為自己創造一些安靜不受打擾的時光。

簡單的事，更需要天天做

再怎麼簡單的事情，假如沒有培養成習慣，對你依舊困難重重。如果散步不在你的日常習慣清單中，請你先從日常生活中簡單、具體可行的行動著手，以便讓這件事情逐漸成為生活中的慣性。

我為你提供了幾個簡單可行的策略，請你勾選二到三項，幫助自己從幾個具體的行動開始執行：

- □ 上班途中，提前一個捷運（或公車）站下車，走路到公司。
- □ 下班途中，提前一個捷運（或公車）站下車，走路回家。
- □ 早上提早十分鐘出門，刻意多繞一段路步行到公司。
- □ 走到前二、三個垃圾車停等的地點倒垃圾。
- □ 為自己設計一段十到十五分鐘安全且便於執行的行走路線。
- □ 星期＿＿，從＿＿點＿＿分到＿＿點＿＿分，走一趟剛剛設計好的路線。
- □ 走路時專注在腳底與地板接觸的感覺，留意你的呼吸。

□ 走路時記得挺直背部，感受到抬頭挺胸、有自信的姿勢。

□ 提醒自己「我正在行走」，把專注力放在這件事情上。

請記得：每一個勾選都是你對自己最重要的承諾，無論你勾選了哪幾個選項，可以的話，從此刻就開始去實踐吧！

第23章 動態靜心

帶領靜心課程時，有時會遇到一開始不太能接受靜坐的學員。或許是因為工作步調或生活習慣，總之要他們坐在原地、動也不動地「只」是專注呼吸，似乎是一種特別痛苦難耐的折磨。

靜坐之外的其他選擇

有一位在證券業擔任分析師的學員小瑋曾說，剛開始來上課的時候，只要坐在原地超過三十秒沒有接收到任何指令，渾身上下就像是爬滿螞蟻，焦躁不安，要不是一直想起公司裡尚未處理完的工作，不然就是在腦袋裡慣性地推敲起近期國、內外股市的走勢圖。

之所以會這樣，是因為小瑋每一天清晨七點半就必須坐在公司準備要對高階主管報告的業務資料。往上他得承接主管囑咐的工作內容，往下還有幾位助理等待他的工作指示，往外則需要面對好幾位握有大筆資金的客戶，長期處在這種分秒「幣」爭、競爭與壓力極大的工作環境底下，大腦練就了無時無刻都在高度思考與分析的狀態，但於此同時，也失去了平靜與休息的能力。

面對這類型的學員，我會邀請他們先從「動態靜心」開始練習。

所謂的動態範圍極廣，除了安靜坐在原地之外，幾乎涵括了日常生活中的所有行動，好比說走路、喝茶、澆花、滑手機、對話、閱讀……。你或許有些好奇：做這些事情的同時也能夠靜心嗎？

答案當然是肯定的。

事實上，即使是禪修也不是只能盤腿坐在原地，還包括行禪、立禪、臥禪……等等。

任何身體動作只是一種手段與過程，真正的目的在於**將發散的思緒逐漸收攝，進而達到專注當下、平心靜氣的效果**。

問題來了：既然聲稱做這些事情能夠靜心，那為何許多人在做這些事情的時候，不僅沒能收到靜心的效果，有時候甚至越做越煩躁、越做越想罵人？

原因是，我們面對日常生活的大小事時，內在經常處在一心多用、自動導航的狀態。

思緒紛飛是平靜的阻礙

一行禪師曾說：「洗碗的方式有兩種，一種是為了把碗洗乾淨而洗碗，另一種則是為了洗碗而洗碗。」在第一個選項裡，「乾淨」才是我們關注的目的，至於「過程」對你而言可能一點意義都沒有。在第二個選項裡，洗碗本身就是的目的，我們專心投入其中，明明了了地觀察並感受洗碗時的每一個動作。

假如你在洗碗的過程中，心裡老是抱怨都沒有人幫忙、待會還有好多做不完的事情、白天發生的煩人事情，眾多負面情緒與壓力就會隨之升起，這時候你的注意力並不在洗碗這件事情上，而是滿滿的抱怨與憂愁。

假如你在吃飯的時候腦袋裡擔心著熱量、體重，或者衣櫥裡又有幾件衣服穿不下、擔心自己變胖的樣子很醜，那麼你在當下並沒有用心咀嚼嘴裡的飯，而是咀嚼著各種充滿壓力的數字與負面情緒。

假如你與孩子相處的時候，心裡只在意他的成績、期待他該去完成的事、他沒有做好的事，那麼你關注的其實不是眼前這個孩子，而是你內心的擔心與期望。

假如好不容易才安排一段假期，飛到某個國家旅遊，可是你卻一邊掛心著工作，煩惱要買給家人或同事的紀念品，時不時就確認手機裡的訊息，那麼不管去到哪裡，其實你的心都還是待在工作狀態中（也浪費了昂貴的機票錢啊）。

如果一天到晚都是用這種狀態過生活，身心又怎麼能平靜、放鬆呢？

所以，倘若想要達到靜心的效果，最重要的態度是：**刻意留心當下，一次專注在一件事情上。**

靜心，從專注當下開始

很多人一聽到「放慢腳步，專注做一件事」時，會想像成好像要慢動作播放一樣慢、慢、移、動……那畫面感覺有些古怪，對吧？

事實上，放慢動作的確可以讓我們增加對行為的覺察，降低出錯的機率，但更重要的是對當下的「專注」：**帶著覺知去執行每一個動作，清清楚楚知道自己正在做什麼。**否則就算你刻意放慢了動作，依舊無法進入靜心的狀態。

既然都選擇要捲起袖子洗碗了，你可以練習專注在當下：留意手握菜瓜布的觸感、水淋溼手的感覺，將洗碗精慢慢搓揉起泡，感受到碗盤裡的油膩感逐漸被泡沫的滑順感所取代……。你將會發現，洗完碗盤雖然有點累，但因為專注在一件事情中，內在反而能夠逐漸回歸平靜。

吃飯的時候，就全然專注在吃飯這件事，包括留意到自己正夾起某一道菜餚，以適當的份量放進嘴裡，專注地咀嚼，感受到料理在咀嚼過程中的口感，在口腔中散發出不同層次的香氣，並且帶著覺察將口中的食物緩緩吞嚥。於此同時，不急著伸手去夾下一口菜，也不要邊看電視或滑手機。

對話的時候專注傾聽對方說話，不要急著打斷對方、給建議，也不要急著在腦袋裡面大肆評價與分析。關注對方說話的表情與音量，聽見語言背後的情緒，聽懂對方到底希望我們如何幫助他。

就連呼吸也是如此。吸氣的時候留意自己正在吸氣，呼氣的時候留意到自己正在呼氣。你甚至可以留意空氣從鼻孔前緣流進來的溫度，胸腔隨之起伏，全身肌肉隨著吸氣與呼氣而引發的鬆緊變化。

無論做什麼事情，對每一個步驟帶著了了分明的覺知，專注體驗當下，不做他想，如此一來，日常生活時時刻刻都是靜心的修行。

靜下來，才能聽見更多訊息

面對日常生活中經常做的事情，我們的腦袋不免會產生「這我知道了」、「這沒有什麼特別」、「不需要特別在意」的念頭。這個念頭一起，我們的好奇心與專注力就會發散、不見了，然後任憑慣性帶著我們機械式地重複某些動作。

我聽過很多人說某一天照鏡子的時候，赫然發現頭上多了好多根白頭髮、眼角多了幾道細紋，因而驚訝不已。其實這些身體變化並非突然出現，只是你一直沒有發現。也有人在每天通勤必經的馬路上突然發現一間從未看過的店家，實際上，它可能已經存在那裡好長一段時間。你可能突然間發現與孩子之間充滿了隔閡，但其實你們的關係早已疏離許久，只是你從未認真留意這件事。

一位五十幾歲的女性因為經濟壓力，除了繁瑣的家務事、照顧生病的長輩之外，還身兼好幾份工作，經常從清晨忙到深夜。她說，她都是利用空檔狼吞虎嚥地把飯吃完，甚至邊扒飯邊工作。她沒有失眠的問題，因為她只要躺上床就累到不省人事。這種極度忙碌的日子日復一日、年復一年。

直到前一陣子她去一間餐廳兼職，負責油炸台的她一整天下來身上沾附了濃濃油煙味，必須費一把工夫、認真清洗才能洗乾淨。也因為這樣，她在洗澡時觸摸到左側乳房有一個硬塊，檢查之下才發現是腫瘤。醫生略帶責備地問她這麼大的腫瘤，怎麼會拖到現在才來做檢查？她搖搖頭，完全回答不上來。

回家路上，她不斷問自己：「怎麼身體長了這麼明顯的東西，自己卻從未發現？」她既感到荒謬不解、也很心疼自己。

幸好後續的療程順利，手術後的恢復也很不錯。後來她辭掉了一些工作，刻意放慢生活步調，細細地留意自己的行動、身體感受。她開心地與我分享，現在的她比較有活著的感覺，知道自己正在品嘗某些美食，喝咖啡的同時也能享受咖啡的香氣；漫步在一條開滿花的小徑時，能夠留意到花朵有許多不同顏色，留意到飄進鼻腔裡的淡淡花香。

「我竟然到現在才發現，原來生活中有好多美好的事物。」她說。

其實，這些東西本來就在我們的生活中，一旦你願意靜下心來細細品味，就會發現，無論是內在或是外界，都有好多重要且美好的人、事、物值得我們去接觸、去關注。

靜心，才是最終的目的

雖然前面提到面對無法靜坐的學員，我會引導他們練習動態靜心，不過這並不是要去比較靜坐或動態靜心的效果。這兩者的目的都是幫助我們專注當下，讓內在趨於平靜，只是兩者的原理不太一樣。

在行動的狀態下，身體與感官的感覺比較凸顯，心的力量相對顯得比較薄弱。所以動態靜心透過幫助我們專注體驗動作，有效降低念頭的影響。可是一旦安靜坐下來，身體與感官的感覺比較不明顯了，此時心的聲音就會被放大。心的力量很大，隨時都能引發各種情緒，推著我們去做各種事情，連帶使得身體變得躁動。

以前面提到的小瑋為例，每一天坐在電腦前工作的時間長達十幾個小時，所有學員裡面，大概沒有人比他更擅長「坐」這個動作了。即使不是在課堂上靜坐，他連休假日也無法慢下來，稍有空檔就必須找事情填滿。所以他真正的困難並不是靜坐，而是無法安頓靜下來之後內在喧囂而雜亂的念頭。

因此，無論你採取動態或靜態的靜心，最終目的都是將注意力回歸內在，練習聽見內在紛亂的聲音，並且將散亂的念頭逐漸收攝，從多到少、從少到一。

關於生活中的動態靜心，你還可以這麼練習：

- 感受現在的坐姿，感受身體在這個坐姿下各部位肌肉的鬆緊度。
- 喝茶時，感受水含進口腔的溫度，留意茶水慢慢滑進食道，感受口腔從乾燥逐漸溼潤。
- 說話的同時，試著感受自己的情緒、說話的力道，覺察自己的用詞。
- 走路時留心眼前所見，欣賞每一個映入眼簾的人物、景色、建築與物品。
- 洗澡時慢慢地搓揉泡泡，感受到泡泡在掌心與身體之間的觸感；用雙手專注地撫摸、擦洗全身，感受身體每一處的皮膚狀態與觸感。
- 除此之外，在你的日常生活中，還有什麼時候也可以練習動態靜心嗎？請列出三項：

我的動態靜心練習計畫

一、在＿＿＿＿＿＿的時候，我可以練習專注在＿＿＿＿＿＿。

二、在＿＿＿＿＿＿的時候，我可以練習專注在＿＿＿＿＿＿。

三、在＿＿＿＿＿＿的時候，我可以練習專注在＿＿＿＿＿＿。

第24章 向內在探尋資源

每一次在擬定新年度的行動計畫時，你是否自然而然地拿出一張全新的紙，或者在電腦桌面新增一個檔案，然後逐一填入新的行動、想要完成的目標、期待達成更多成就⋯⋯。表面上，你覺得這麼做既是為自己的生涯負責，同時又能迎來成長的喜悅，但實際上，越來越多的目標不僅讓你覺得喘不過氣，那些未能依照計畫完成的部分，帶來的挫敗遠大於成就感。結果原本應該是為了讓未來更美好的計畫，卻成了壓力來源，也在無形中剝奪了學習與成長的喜悅。

「更多」使人心累

擔任心理師的前兩年，我經常在與家長或老師談話時碰壁。他們普遍在教養或班級經營上遇到困難，帶著許多難題來尋求建議，我也毫不保留地提供解決之道（這裡頭包括經許多人見證有效的策略）。可是不知道為什麼，這些來談者聽完後，要不顯得興趣缺缺，不然就是直接打槍說：「不可能啦，這沒有用。」

「到底發生什麼事？」我百思不得其解。我不是提供他們渴望的解答了嗎？為什麼他們好像不太接受我的建議呢？後來我才發現問題癥結點：會來找我談話的人，幾乎都在生活中遭遇大大小小的挫折。面對生活的難題，他們往往已經努力嘗試過很多方式（卻以失敗收場），在這種情況下，腦袋雖然希望獲得解方，但當他們得知原來還有某些方式沒有嘗試過時，同時也會引發負面情緒。

好比說：不會吧，**還有**更有效的方式？**還要再**學新東西嗎？怎麼都**學不完**？之前用的方式**都是錯的嗎**？是不是我真的**不擅長**教孩子？**到底**什麼方法才有效？

重複閱讀這幾個粗體字，你是否也產生「到底有完沒完」的煩躁感？而這一份煩躁感，就是阻礙我與來談者建立合作關係的因素。因為每當我提供一種新的方法，都在加深他們的挫折與不耐煩。所以，有時候「更多的」、「更新的」、「更有效的」，反而會讓我們覺得自己是匱乏、不足、沒價值的。

後來這幾年，我慢慢掌握了與家長和老師談話的訣竅，不僅讓他們感覺到被理解、支持，甚至還願意依照我的回覆去做練習。這過程中，我只是稍稍調整了談話策略，卻大大提升了來談者合作的意願。這是怎麼辦到的呢？

記得前面提過「面對生活中的問題，人們早已嘗試過許多方法」這句話嗎？雖然生活中遭遇許多挫折，但其中一定有成效不錯的行動策略（只是常被我們忽略）。

假如我聲稱我的方式才是好的，等於全盤否定了對方的努力及寶貴的生活經驗。

所以後來在談話時，我會先協助對方整理他們的生活型態、使用過的策略，從中萃取出正向因素與負向因子。接下來要做的是：**有利身心健康的因素就加以鞏固，並且試著移除或減少不利於身心健康的因素**。來談者不需要辛苦地重新學習太多「新」的方式，而是往內探索既有的正向資源，稍加調整生活模式即可。透過這種方式，人會感覺到自己是有能力、有資源，而不是匱乏或無能為力的。

在這裡，我也要陪伴你練習透過這套觀點，盤點自己既有的資源，用更輕鬆且熟悉的方式為自己打造更滋養、更放鬆的生活。

典型的一天

雖然你每天的生活不會完全一樣，週間與週末或特殊節日會有些差異，但大致來說，我們日常生活多少都有些固定的模式，我將這種現象稱為「典型的一天」。我們要從自己經常重複的行動模式裡，找出放鬆身心的正向及負向因子。

第一步：盤點行動

改變從覺察開始，請你列出在典型的一天中最常進行的二十四件事。例如：

□ 1. 起床，躺在床上滑手機
□ 2. 上廁所、盥洗
□ 3. 出門散步、拉筋伸展
□ 4. 回家淋浴
□ 5. 吃早餐
□ 6. 出門工作前的準備
□ 7. 餵狗
□ 8. 出門上班
□ 9. 進辦公室開電腦
□ 10. 泡一杯咖啡
□ 11. 在例行會議上報告
□ 12. 與同事大聊八卦

□ 13. 陪客戶吃午餐
□ 14. 午休片刻
□ 15. 下午工作時間
□ 16. 下班後開車回家
□ 17. 癱在沙發滑手機
□ 18. 準備晚餐
□ 19. 吃晚餐
□ 20. 與家人聊聊天
□ 21. 悠閒地洗澡
□ 22. 吃宵夜配啤酒
□ 23. 閱讀一篇文章
□ 24. 躺在床上，熬夜追劇

第二步：評估影響

接下來，我們要從這二十四件事情當中，辨識出「滋養」與「耗能」的效果。

所謂的「滋養」是指你做了這些事情之後，會感到滿足、愉悅、平靜；你喜歡做這件事，也喜歡做這件事情的自己，雖然當中有某些事會消耗你的體力，但整體而言你的感受與經驗是正向的。相較之下，「耗能」則是指你做完這些事後，不僅覺得不舒服、疲憊，也可能浮現後悔、鬱悶、低落等負面情緒。

雖然有些行動可能兩者兼具，但請你盡可能將其歸納到其中一方。例如：

－ 1. 起床，躺在床上滑手機
＋ 2. 上廁所、盥洗
＋ 3. 出門散步、拉筋伸展
＋ 4. 回家淋浴
＋ 5. 吃早餐
－ 6. 出門工作前的準備
－ 7. 餵狗
－ 8. 出門上班
－ 9. 進辦公室開電腦
＋ 10. 泡一杯咖啡
－ 11. 在例行會議上報告
＋ 12. 與同事大聊八卦
－ 13. 陪客戶吃午餐
＋ 14. 午休片刻
－ 15. 下午工作時間
－ 16. 下班後開車回家
－ 17. 癱在沙發滑手機
＋ 18. 準備晚餐
＋ 19. 吃晚餐
＋ 20. 與家人聊聊天
＋ 21. 悠閒地洗澡
＋ 22. 吃宵夜配啤酒
＋ 23. 閱讀一篇文章
－ 24. 躺在床上，熬夜追劇

第三步：統計數量

接下來，請你統計出總共有幾個「＋」與「－」。在我所舉的例子裡，總共有十三個「＋」與十一個「－」。

因此，你就能夠從統計的數字差異中初步發現，你在生活中經常做的事，究竟是對自己滋養的項目較多，還是耗能的項目比較多。

第四步：辨識成效

現在請你暫時放下「－」號，並且試著在「＋」號當中，進一步辨識出哪些屬於「短期滋養」？哪些能夠帶給你「長期滋養」？

所謂的短期滋養是指行為的當下，能夠讓你立即獲得正向的情緒感受，但是長時間累積下來，卻有可能對你造成各方面的負面影響，好比說：太常與同事大聊八卦，可能會得罪同事或給人「大嘴巴」的印象；太常吃宵夜配啤酒，也不利於你的健康。

而某些行為當下雖然有點辛苦，但是長時間持續累積下來，卻能對身心帶來許多益處，像是運動、閱讀、與狗狗相處、專心洗澡。

例如：

短期滋養	12. 與同事大聊八卦 22. 吃宵夜配啤酒
長期滋養	3. 出門散步、拉筋伸展 20. 與家人聊聊天 21. 悠閒地洗澡 23. 閱讀一篇文章

善用你的內在資源

恭喜你完成了對自己生活的檢視，這一份資料相當珍貴，因為你很難找到另一個與你生活型態完全相同的人。現在，請你留意幾個重要訊息：

一、**關於耗能的「－」**：有些事情雖然讓你覺得耗能，但那或許與你的生計息息相關（例如：業務報告、寫記錄），所以你不必將它們全數刪除，而是在做這些事情時安排休息時間，保持規律的工作或生活步調。另外，有些事情雖然耗能，但它們在當下提供我們立即性情緒宣洩或紓壓（例如躺在床上滑手機、吃宵夜），所以淺嘗即止、偶一為之就好，不僅可以保有生活的樂趣，也不致對身心造成傷害。

因此，可別全盤否定「一」的價值，那或許是保有你生計、創造快樂的重要來源。

二、關於「短期滋養」：你在生活中可能偏好做某些事情，有偏愛的飲食模式，從而覺得愉悅、滿足，但若沒有節制，這些行為反而會造成你的身心負擔，長期的效果是弊大於利。假使你的短期滋養包括了像是抽菸、藥物濫用、危險性行為等等，請你盡可能避免，因為這些行為傷害大過於益處。

三、關於「長期滋養」：所以，聰明的你是否已經掌握了哪些部分值得你刻意多做，甚至讓它成為生活中的習慣呢？沒有錯！答案就是「長期滋養」的項目。或許短時間看不出明顯的效果，但長期累積下來就像是滾雪球效應，絕對能幫助你打造出更健康、更放鬆的生活型態。

四、請相信，你就是自己身心健康的專家：無論是耗能或滋養，其實經常都是你有意／無意間，發展出來幫助自己在各方面過得更好的策略，所以我們不需要批評或否定自己的行動。相反地，我們應該回過頭檢視自己的生活，從習以為常的生活慣性中找出有利的行動，刻意重複這些行動，辨識出長期下來會對身心有害的行動，練習消除或偶一為之就好。

五、多多練習：我為各位準備了「典型的一天」空白表格（見下頁），讓你可以隨心所欲地複印練習。多多練習幾次，相信你可以憑自己的力量，找出幫助自己放鬆身心的正向因子。

典型的一天

例如：刷牙、吃早餐通勤開會接小孩、買菜……

□ 1.	□ 13.
□ 2.	□ 14.
□ 3.	□ 15.
□ 4.	□ 16.
□ 5.	□ 17.
□ 6.	□ 18.
□ 7.	□ 19.
□ 8.	□ 20.
□ 9.	□ 21.
□ 10.	□ 22.
□ 11.	□ 23.
□ 12.	□ 24.

統計

滋養（＋）＿＿＿＿

耗損（－）＿＿＿＿

短期滋養

長期滋養

第25章 允許自我照顧

每一年，我通常會給自己大約半個月左右的假期，在這一段時間裡我不接任何工作，而是去參加喜歡的課程，安靜地閱讀，或者什麼事情都不做。

某一年的假期快到時，太太問我有沒有想去的地方？我說，我很想要去一趟日本，很想念清晨在鴨川的河堤邊散步、在宇治巷弄裡的小茶館品嘗一杯熱騰騰的無糖抹茶……。

「你好不容易有一段休假，但是我有工作，你會想自己去走一走嗎？」

「我有想過，但是一來可能我不太習慣自己去旅行，二來我覺得這樣很不應該。」我說。

「不應該？怎麼說？」太太不解。

「就是……你在工作，我卻自己跑出去玩，這樣好像很自私。」

「可是之前你很忙的時候我剛好有休假，你不也鼓勵我去喜歡的國家旅行幾天嗎？你有覺得這樣很不應該嗎？」

「不會啊，因為你是真的很辛苦，好不容易放個假，當然可以去做你想做的事情啊。」

「是呀，那為什麼你鼓勵我去旅行，卻不允許自己去走一走呢？」太太的回應像是深入靈魂的拷問。

那一刻我才意識到自己經常責備、否定內在想要出去玩、想要放鬆的渴望。我知道，這與我的成長經驗有關，我清楚知道大人期待我長成什麼樣子，也知道用什麼態度生活才能獲得他們的認同。許多批判與否定放鬆的價值觀深深烙印在我身上，成了用來鞭策自己的信念，也成了揮之不去的夢魘。

理智上，我知道自我照顧很重要，也經常鼓勵他人要好好照顧自己。但在內心深處，我對自己並不友善，不僅否定了自己的需求，也忽視了內在的渴望。

重新學習自我照顧

為何對許多人而言，照顧自己時常淪為一件「知道卻難以做到」的事情？追根究柢，不全然是因為不習慣或不知道該怎麼做，而是根基於更深層的核心因素：**不允許自己這麼做。**

因為照顧自己意味著自己好像是脆弱的、不夠積極的，甚至還忽略了他人的權益（因為你只想到自己）。想一想，這樣的人是否既糟糕又自私呢？你絕對不允許自己成為這種人，對吧？

其實自我照顧絕對不是一件自私的事情。

一個懂得照顧自己的人，往往也與自己保持著密切的連結：能夠覺察自己的狀態，知道自己真正需要什麼，也知道如何滿足自己的需求。因為懂得回應自己的需求，所以能夠讓自己處在一種平穩且放鬆的身心狀態。而這種與自己的連結，包括三個部分：

一、傾聽，並回應自己的需求。

二、更全面地認識自己。

三、學習為自己做選擇。

傾聽，並回應自己的需求

想必各位都有經歷過在某些嚴肅或正式的情境下，想打呵欠卻必須忍住的經驗，那當下是否必須花很大的力氣才能停止打呵欠的動作，而且臉部表情看起來還有些彆扭？同樣的，當你想要止住在眼眶打轉的淚水、想要抑止內在的恐懼或焦慮、想要耐著身體的不舒服而執意繼續某些行動，這時你對自己做的事情就是忽視、壓抑或否認身心的需求，這都得耗費你更大的力氣，也讓身心變得更加緊繃、更有壓力。

如果你希望放鬆一些，最具體的行動就是聽見自己的需求，不要忽視、否認，也不要壓抑，就只是以適當的方式妥善回應。好比說：

- 覺得渴了，就適時提醒自己補充一些水分。
- 覺得眼睛痠了，就適時眨眨眼，讓視線暫時離開螢幕。
- 感覺到有尿意，可以的話請不要憋尿，讓自己起身去上個廁所。
- 發現胃不舒服，就減少攝取一些刺激性的食物。
- 覺得疲憊、煩躁，試著拒絕某些下班後的聚餐。
- 覺得不被尊重，假如情境許可，試著表達讓對方知道。

你可能一方面覺得這些行動很簡單，一方面又覺得要達到這個境界很困難。因為有些聚餐推不掉，某些場合不允許你肚子餓就去吃飯、覺得疲憊就小睡一下，倘若執意要做這些事情，換來的後果可能有些麻煩。這是很常見的現象，我也不建議你貿然忽視情境因素，就只管依循本能行事。

但我要提醒你的是：**練習傾聽以及學習適當地回應需求，這會讓你在多數的生活情境中，能夠有覺察地選擇適當的行動來照顧自己。**慢慢地，在允許的範圍內，你會更傾向選擇靠近那些可以滋養你、讓你感覺安全自在的人事物。而這一切僅僅是因為你更清楚自己的需求，並且知道如何回應自己的需求。

更全面地認識自己

我們的內在對話經常是狹隘的、負向的，有時甚至極端嚴苛。好比說，當你在工作中有一件事情沒有做好，我們就認定自己鐵定什麼事都做不好（狹隘的）、覺得自己糟糕透頂（負向的）、不允許自己有任何閃失（嚴苛的）。又好比說，當孩子在學校被投訴與同學打架時，我們就認定自己是一個只會生卻不會教的父母（狹隘的）、覺得自己的教養失敗（負面的）、不允許自己的孩子有任何出問題的時候（嚴苛的）。

念頭不全然等於真實。坦白說，你要不是偶而才不小心犯一些錯誤（而且在別人眼中只是無傷大雅的過失），不然就是才剛到某一個新的職位上，因為對職務內容不熟，難免無法盡善盡美。絕大多數的時候你非但沒有犯錯，身邊還有許多人給你正向的回饋。可是你卻因此自責不已，耳邊不自覺瀰漫著自我批判與否定的聲音，且**誤以為**這才是事情的真相。當你這麼做時，只是以狹窄的觀點來批判自己。

我不是要慫恿你忽視或否認搞砸的事情，我只是鼓勵你**睜大眼睛、敞開心胸，接納別人給你的稱讚與肯定，以及正視你的確有表現得不錯的時候。**

藉由廣角鏡頭，以更完整的觀點看待自己，如實地看見自己的每一個面向：有限制、有不足、有優勢，也有許多擅長。假如你總是批評自己表現不好的行為，那麼你是否也該肯定有好表現時的自己，這樣對自己才比較公平吧！

更重要的是：**其實每一個面向都是你，這是一個客觀且中性的事實，不需要對此妄下各種評斷。**

你偶爾會膽怯、會生氣、會想占一些小便宜；有時候你很友善、有耐心、願意為別人多付出一些；有時你不免為自己的好表現感到驕傲、掩不住嘴角的微笑⋯⋯這些全都是你。就算因為覺察到自己有某些限制或不足，希望自己改進、成長，那也只是你期待自己往某個方向再前進一些，但與你這個人有沒有價值一點關係都沒有。就像晴朗的天空是蔚藍的、布滿烏雲的天空是灰色的，那就只是一個事實，與好壞對錯都無關。

每一個念頭都會引發內在的情緒與身體感受，嚴苛的自我對話會引發挫敗、自責等負面情緒，連帶引發身體沉重、緊繃的感受。相對地，若你能看見並肯定自己的正向面，也能夠引發內在的喜悅、滿足，進而讓身體感到舒坦與放鬆。

學習為自己做選擇

一個懂得照顧自己的人，往往也是擅長為自己做選擇的人。

為什麼要照顧自己、放鬆身心，而不是交由別人來為我們做選擇就好，這樣不是比較省力嗎？為何還需要花力氣學習為自己做選擇呢？

因為，勉強接受不喜歡的安排就是一件讓人感到很不舒服也很耗能的事。過往，你可能因為害怕衝突、害怕讓對方失望，或者你可能一直以來都不被允許為自己做決定，以至於現在的你不太知道該如何做選擇，甚至你也習慣了讓別人來為你做決定。

無意識地重複著雖熟悉卻未必有益的選擇，則是另一種耗損身心的行為。好比說：因為怕他人生氣而不敢拒絕、因為害怕失敗而選擇拖延、因為感到焦慮就濫用藥物或酒精、因為害怕孤單而到處與他人發生性關係……。

在這兩種情況下，你若不是交由他人為你做選擇，不然就是讓慣性剝奪了行動的主導權，無論如何，你都成了被決定的那一個人。

臉書（FB）有一個我覺得很棒的功能，叫做「取消追蹤」。面對那些會引發負面情緒的用戶或帳號，我會選擇按下「取消〇〇〇追蹤三十天」，假如三十天過後再次看到這些訊息，依舊讓我覺得不舒服，那就直接按下「取消追蹤〇〇〇」，從此不讓這些訊息有機會出現在我的畫面上。

起初，我還擔心會不會因而漏掉某些重要訊息，後來證明是我多慮了。取消追蹤這些令人煩躁、心神不寧，甚至帶有攻擊字眼的訊息來源之後，生活清爽許多了！每次滑開螢幕，不僅可以更快地獲取我需要的資訊，也大大改善了使用網路的情緒品質。

倘若情境允許，請多多練習為自己做選擇：

- 婉拒某些經常讓你覺得心累、不友善的聚會。
- 拒絕各種占用你下班或週末的請託（或者至少不需要每一次都答應）。
- 除了公司供應的團膳之外，你也可以選擇其他對身體更健康的餐點。
- 分組活動的時候，主動靠近那些你欣賞的、想要學習的對象，而不只是被動接受邀請，或者只是選擇你所熟悉（卻經常讓你感到不舒服）的對象。
- 了解自己的需求，主動選擇適合自己的保險／月租方案，而不是因為用不到的優惠或人情壓力，結果選擇了讓自己在經濟上倍覺壓力的方案。

正因為你是基於對自己的理解而做的決定，所以**你也能夠主動接近那些對身心**

有益處的人事物，並且避免頻繁接觸那些讓自己感覺被貶抑、被勉強、被傷害的人事物。長期累積下來，一定能夠幫助自己打造出更加放鬆自在的生活。

我很喜歡隔壁鄰居夫妻與他們家三歲女兒的互動。

每一次當小女孩哭泣的時候，就會聽到父母親溫和地問：「你需要什麼呢？跟爸爸媽媽講。」「用講的，我們才會知道你想要什麼。」「我們可以為你做什麼呢？」常常在這些對話過程中，孩子的情緒就慢慢緩和下來。

雖然你已經長大了，可能不會有人這樣與你對話，可是你可以練習陪自己說說話，試著問問自己，了解自己的需求。當你在照顧自己的同時，也正在傾聽自己內在的聲音，安頓自己的情緒。

所以，**照顧自己最重要的目的，其實是為了與自己更靠近，也唯有靠近自己，才能活出最自在的生命樣貌。**

結語

聽見自己的內在，擁抱平靜

在課堂上，我常常不諱言地與學員們分享，雖然身為一個諮商心理師，我卻是一個對自我要求極端嚴格的人，心裡無時無刻都在督促自己努力、用力、竭盡全力……，根本不需要等到別人來告訴我哪裡需要改進，我早已在心裡批評自己無數次，打擊自己的力道從不手軟。

或許是因為從高中就獨自在外租屋生活，十幾歲的我就經常提醒自己：「你比別人花了家裡更多錢，最好是有本事證明這些錢花得值得。」除了三餐之外，偶而與朋友去吃飯、逛街，我都覺得這些與念書無關的行為很不應該，也很沒有必要。

我從大學開始就有失眠的情況，念研究所的時候睡眠障礙更嚴重，經常在無數個夜裡躺在床上，睜大眼睛，一遍又一遍數著自己的呼吸與心跳，翻來覆去徹夜難眠。踏入職場之後，胃食道逆流、偏頭痛、腰酸背痛……樣樣都找上門。即使如此，我從未想過自己需要放鬆，也不認為放鬆是一件被允許的事情。現在想起來，或許從好多年前開始，我就已經有自律神經失調的狀況。

坦白說，剛開始在課堂上帶領大家做呼吸靜心時，我可能才是全場最緊張、最無法放鬆的那一個人。直到後來逐漸有學員回饋，他們好喜歡那樣安安靜靜、關注著當下的一呼一吸、領受到心慢慢沉澱下來的時光。有些人因此重新長出面對問題的勇氣，有些人獲得久未體驗的平靜，有些人雖然對課程內容沒什麼印象，卻覺得身心放鬆許多。

「那麼，我是否也允許把帶給他人的平靜，撥一些來陪伴自己呢？」有好多次聽完成員對我的回饋之後，我這樣深深地問自己。

說來有趣，我原本的專長是兒童與青少年心理治療，卻在陪伴這一群孩子的父母與老師的過程中，無意間啟發了對於自我照顧與放鬆的好奇與熱情。我開始將放鬆當作一件很重要的事情看待，也認真找尋關於放鬆的方法。我很喜歡這一段陪伴著他人、自己也同時成長的歷程。

如同我在這本書裡所分享的，我開始探索腦袋裡引發壓力的思考框架與價值觀，了解這些想法如何在成長過程中被形塑而成。它們的存在其實有許多正向的功能，所以我並不需要去否定、趕走它們。但是我也必須學習拿回決定權，而不總是被這些想法所主導。

我持續而規律地練習書中分享的策略，在感到焦慮或緊繃時，逐漸能夠適時地安頓自己的情緒。我在生活中刻意練習一次只做一事，避免一心多用；也刻意放慢生活的腳步，專注體驗當下正在進行的每一件事情，包括走路、吃飯、工作，以及正在互動的對象身上。

經過這些年的練習，我感覺到自己內在逐漸撐出了一個空間，在這個空間裡，能夠涵容各式情緒。我依舊會覺得生氣、挫折、焦慮……，但我能覺察並接納這些情緒存在，而不被情緒給壓垮。

以前在溝通上遇到意見分歧時，我的情緒很快就會掀起波瀾，也會急著反駁或說服對方。現在遇到類似的狀況時，我感覺到自己的內在是平靜的，也允許對方妮妮表達他的需求與想法。之所以能夠如此，不是因為忍耐，也不是因為壓抑，而是因為我帶著放鬆的狀態與對方溝通，所以能夠擁有接納意見歧異的彈性。

我在這本書的結尾與你分享這一段成長歷程，只是想讓你知道，我並不是一個打從一開始就懂得放鬆的人，假如我能夠藉由練習來改善緊繃、焦慮的狀態，相信你一定也可以做得到。

期待正在閱讀這本書的你，能夠細細聽見自己內在的聲音，站穩腳步，允許自己「一次一事，專注當下」，重新擁抱內在的平靜，為自己經營更美好的生活。

深深地祝福。

刻意放鬆

25 個壓力調節練習，
找回安定的內在

作者——胡展誥

主編——林孜懃
封面設計——謝佳穎
內頁設計——王瓊瑤
行銷企劃——鍾曼靈
出版一部總編輯暨總監——王明雪

發行人——王榮文
出版發行——遠流出版事業股份有限公司
地址——104005 台北市中山北路一段 11 號 13 樓
電話——(02)2571-0297
傳真——(02)2571-0197
郵撥——0189456-1
著作權顧問——蕭雄淋律師
2023 年 4 月 1 日 初版一刷
2023 年 5 月 20 日 初版四刷
定價——新台幣 380 元
（缺頁或破損的書，請寄回更換）

ISBN —— 978-626-361-035-4

國家圖書館出版品預行編目 (CIP) 資料

刻意放鬆 : 25 個壓力調節練習 , 找回安定的內在 / 胡展誥著 . -- 初版 . -- 臺北市 : 遠流出版事業股份有限公司 , 2023.04
面； 公分
ISBN 978-626-361-035-4(平裝)

1.CST: 抗壓 2.CST: 生活指導

176.54　　112002834

遠流博識網 http://www.ylib.com
E-mail: ylib@ylib.com
遠流粉絲團
https://www.facebook.com/ylibfans